PONS

John Peter Sloan

INSTANT GRAMMAR English

PONS GmbH
Stuttgart

PONS
INSTANT GRAMMAR ENGLISH

von John Peter Sloan
Übersetzung aus dem Italienischen
von Beate Stern

1. Auflage 2016

Originaltitel: English da Zero

Redaktionelle Mitarbeit: Silvia Andriolo
Illustrationen: Sara Pedroni
Titelfotos: John Peter Sloan: Studio-Fotografico Mafalda; Mauer: 123rf

Einbandgestaltung: Anne Helbich
Design und Layout: Sara Pedroni
Satz: Digraf.pl - dtp services
Druck und Bindung: Multiprint GmbH

ISBN: 978-3-12-562785-7

INSTANT GRAMMAR

Das letzte Jahr war für mich ein schwieriges.
Ich habe meinen Vater und meinen besten Freund verloren.

Auch sie waren beide auf ihre Art Lehrer.

Mein Vater hat mir beigebracht, alle Menschen gleich zu behandeln
und mir nie ein Urteil über jemanden zu bilden,
ohne dessen Vorgeschichte zu kennen.
Er hätte auch mit einem Landstreicher eine Tasse Tee geteilt
und ihn behandelt wie die Queen.

Ivano, mein geliebter Freund, hat mir beigebracht,
in schwierigen Momenten die Ruhe zu bewahren,
auch mit wenig Geld in Würde zu leben
und in jeder Situation das Positive zu sehen.
Er hatte eine ganz ähnliche Philosophie wie mein Vater:
Man muss nicht zu anderen Menschen aufschauen,
aber man darf auf keinen Fall von oben auf sie herabschauen.
Ich hoffe, ich bin in der Lage, diese Philosophie stets umzusetzen –
und ich hoffe, auch du bist es.

Dieses Buch halte ich für das beste und wichtigste,
das ich je geschrieben habe. Ich widme es ihnen.

Ich vermisse euch beide sehr.

INHALTSVERZEICHNIS

WELCOME!

EIN PAAR WORTE VORAB

Instant Grammar ist eine einfach aufgebaute und sehr effektive Englischgrammatik. Mit dieser Methode könnte selbst ein betrunkener, einfältiger Affe Englisch lernen. Das Buch basiert auf einer Reihe von **Symbolen**, die leicht wiederzuerkennen sind, und einem speziellen **Farbcode**. *Instant Grammar* räumt den Grundlagen Vorrang ein und revolutioniert so die Art und Weise, in der Englisch bisher unterrichtet wurde. Sie ist wirklich für alle gedacht; sie eignet sich für jede Altersstufe.

DIE METHODE SLOAN

Was ist das? Die "Methode Sloan" beruht auf *building blocks* (Bausteine, wie sie Kinder zum Spielen nutzen); ich habe den Bausteinen Farben zugeordnet, damit die Methode einfacher und logischer wird. Die Methode selbst besteht darin, immer nur **wenige Wörter auf einmal** zu vermitteln - und nur grundlegende Wörter. Es ist ein neues System, in dem Logik und Lerngeschwindigkeit für essenziell erachtet werden. Eine weitere Basiszutat ist der **Unterhaltungswert** - denn wenn man sich beim Lernen noch amüsiert, lernt man lieber und leichter. Im Verlaufe des Buches habe ich nach und nach einige Geschenke für dich, damit du deinen Wortschatz erweiterst und neue Wörter ohne Mühe erlernst. Du wirst sehen, dass du ganz nebenbei vieles lernst. *Schluss mit der Gerüchteküche* sind kleine Anmerkungen, die all den Irrtümern zu einigen englischen Wörtern ein Ende setzen.

DER FARBCODE

Ich möchte dir jetzt genau erklären, was der **Farbcode** ist: Ich habe die Möglichkeiten der *building blocks* mit der leichten Merkbarkeit von Farben kombiniert, um Sätze zu bilden; jede Farbe entspricht einem *block*, der wiederum für eine Wortart steht. So kannst du korrekte Sätze bilden – einfach, indem du die Bausteine mit der richtigen Farbe verwendest.

Das ist die Liste aller im Buch vorkommenden *colour codes*:

GOLD	goldene Wörter (sehr, sehr wichtig!)
SCHIZO	Wörter mit mehreren Bedeutungen
QUESTION	Fragewörter
GREEN	Verben
YELLOW	Adverbien
ORANGE	Adjektive
RED	Substantive, Nomen
BLUE	Subjektpronomen
PINK	Artikel
BLACK	Präpositionen
PURPLE	Objektpronomen
GIFT	Geschenke

WIE GEHT MAN DIE SACHE AN?

Wenn du Englisch lernen willst, ist es wichtig, dass du das Projekt mit der richtigen Einstellung angehst. Englisch ist kein komplizierter und langweiliger Unterrichtsstoff; es ist ein wunderschönes, **großes Puzzle**. Denk an die Leute, die Kreuzworträtselhefte kaufen: Sie sind bereit, Geld für Ratespiele auszugeben. Englisch ist ein riesengroßes Ratespiel - und zwar ein kostenloses! Es macht Spaß, Sätze mit den neuen Wörtern, die du lernen wirst, zu bilden. Wenn du also von Anfang an auf Spaß setzt, dann bist du schon auf dem richtigen Weg. Nur so wirst du es **ohne Mühe** schaffen und dich dabei auch **amüsieren**.

Um es kurz zusammenzufassen: Mit diesem Buch lernst du mithilfe der folgenden Schritte die englische Sprache gut und leicht:
1 AUSSPRACHE: Deine erste Eroberung werden die englischen Laute sein.
2 VOKABULAR UND GRAMMATIK: Wenig auf einmal; der Erwerb neuer Vokabeln hilft dir beim Entdecken der Grammatik und umgekehrt.
3 ÜBEN: Hier werden die Regeln umgesetzt, damit sich alles gut einprägt.
4 UNTERHALTUNG: immer!

LADIES AND GENTLEMEN,
WELCOME TO THE REVOLUTION!

BLOCK 1

ONE

PRONUNCIATION

AUSSPRACHE

Die Laute im Englischen
Das englische Alphabet

BLOCK ONE

PRONUNCIATION

DIE LAUTE IM ENGLISCHEN

Die Aussprache ist ein ganz wichtiger Aspekt der englischen Sprache. Mir ist es nicht wichtig, ob du es schaffst, mit einwandfreiem britischem Akzent zu sprechen; ich finde es eher ein wenig lächerlich, wenn nicht Muttersprachler versuchen, die Wörter wie ein Original-Engländer auszusprechen... Außerdem ist es auch ganz schön, wenn man am Akzent erkennt, woher eine Person kommt. Mir liegt jedoch sehr am Herzen, dass dir keine gravierenden Aussprachefehler unterlaufen. Es könnte sonst passieren, dass man dich nicht versteht oder – noch schlimmer, dass du ein Wort sagst und eigentlich ein ganz anderes meinst. Das kann zu Missverständnissen oder gar zu peinlichen Situationen führen.
Es ist ein großes Glück für dich, dass du bei null anfängst, weil du so alles gleich richtig lernen kannst, ohne durch bestehende Kenntnisse (die vielleicht falsch sind) vorbelastet zu sein. Während meiner langjährigen Lehrtätigkeit musste ich häufig Aussprachefehler verbessern.
In nahezu allen Wörterbüchern findest du die traditionellen Phonetiksymbole. Ich persönlich finde sie eher kompliziert und oft unverständlich, also schwierig zu merken. Meinen Schülern geht es genauso; deshalb habe ich ein eigenes Phonetiksystem entwickelt, das auf einfachen Symbolen basiert – Bilder, die du dir ganz leicht merken kannst. Starten wir also mit diesen kleinen Kniffen.

Der Stöhnende

Er heißt so, weil jeder Mensch (Deutscher, Engländer, Spanier oder welche Nationalität auch immer er haben mag), wenn es ihm schlecht geht, stöhnt und dabei diesen Laut von sich gibt.

Er hilft bei der Aussprache von Wörtern wie:
LEARN = lernen
WORD = Wort
FIRST = erste(r,s), zuerst

Lerne das Wort "zuerst".

Der Arzt

Dann haben wir den Laut namens "Arzt". Wie war das doch gleich, wenn du zum Arzt gehst? Wenn er dich untersuchen will, bittet er dich, den Mund aufzu-machen, damit er dir in den Hals schauen kann. Hierfür drückt er dir mit einer Art Eisstiel die Zunge nach unten. Der Laut, den du dann von dir geben sollst, ist in der englischen Sprache ein ganz wichtiger, mit dem man Wörter ausspricht wie zum Beispiel:
CAR = Auto
FAR = weit (weg)
BAR = Bar
Pass gut auf: Wenn das R der letzte Buchstabe ist, wird es nicht ausgesprochen!

Mein Auto ist weit weg von der Bar.

S Das Schlangen-"S"

Im Englischen gibt es zwei verschiedene Laute für den Buchstaben S. Den ersten nenne ich "Schlange" – er erinnert nämlich an deren Zischen. Es ist ein längeres S, das in Wörtern wie diesen vorkommt:

SMALL = klein
STEP = Schritt
SON = Sohn

SMOHL
STEPP
SANN

Mach einen kleinen Schritt, Sohn.

S Das Fliegen-"S"

Das andere S ist das der "Fliege": Es klingt weicher und erinnert an das Brummen einer Fliege, die gerade fliegt. Dieser Laut kommt in Wörtern wie diesen vor:

PLEASE = bitte
FREEZE = einfrieren
BEES = Bienen

PLIES
FRIES
BIES

Bitte friere die Bienen ein! (Es ist genügend Honig da.)

Stadion

Stell dir vor, du bist im Stadion, und ein Spieler wird gleich einen Elfmeter schießen. Das ganze Stadion wartet voller Aufregung, ob er wohl treffen wird oder nicht. Und während die Zuschauer warten, sagen sie alle “oooh”... Genau das ist der “Stadion”-Laut. Er kommt in Wörtern wie diesen vor:

FOUR = vier (das R wird nicht ausgesprochen)
MORE = mehr, noch
DOOR = Tür

Noch vier Türen.

TH mit Note

Manchmal spricht man die Buchstaben TH aus, indem man die Zunge gegen die Schneidezähne drückt und dabei einen vibrierenden Laut von sich gibt – deshalb nenne ich es TH “mit Note”. In diesen Wörtern kommt es vor:

THOSE = jene
THIS = dieser
THAT = jener

THOU S
THI S
THÄT

THOSE OR THIS OR THAT?

Jene oder dieser oder jener?

TH TH ohne Note (lispelnd)

In anderen Fällen spricht man die Buchstaben TH, indem man die Zunge an die Zähne anlegt und dabei Luft ausstößt, ohne dass der Kehle dabei ein Ton entweicht. Der Laut kommt vor in Wörtern wie:

THINK = denken
THIN = dünn
THANK YOU = danke

THINK
THIN
THÄNK JU

Ich denke, du bist dünn.
Danke!

Der Unentschlossene

Einmal stand ich in einer Kneipe an der Theke neben einem etwas unentschlossenen Mann, der nicht wusste, was er bestellen sollte. Der Laut, den er von sich gab, war ein “äääh”, was für sich alleine bereits ein englisches Wort ist (es bedeutet “Luft”). Dieser Laut findet sich in Wörtern wie:

THERE = dort
HAIR = Haare
AIR = Luft

TH 

H 

Es sind Haare in der Luft.

U

Den Buchstaben W spricht man im englischen Alphabet “dabol ju” aus und wie ein U wird der Buchstabe ausgesprochen, wenn er in Wörtern vorkommt, wie:

WHY = warum
WHEN = wann
WHERE = wo

U AI

U ENN

U 

Warum? Wann? Wo?

Kaputter Fernseher

Hast du im Ohr, wie es klingt, wenn der Fernseher kaputt ist, und du kein Programm mehr einstellen kannst? Dieses Rauschen ist der Laut, den ich “kaputter Fernseher” nenne. Du findest ihn in Wörtern wie:

SHE = sie
SHORT = kurz, klein
SHY = schüchtern

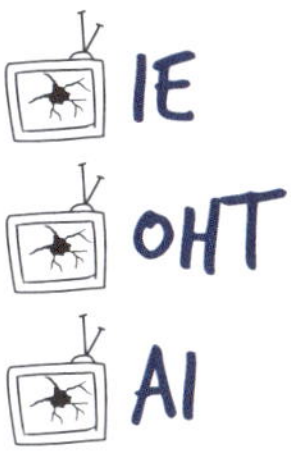

Sie ist klein und schüchtern.

Finger in den Hals

Ich weiß: Der Gedanke an das Bild, das ich dir hier beschreibe, ist nicht gerade angenehm. Im Hinblick auf eine gute Aussprache ist er aber äußerst wirkungsvoll. Wenn du einmal versuchst, dir zwei Finger in den Hals zu stecken, ist der erste Laut, den du von dir gibst (ohne dich zu übergeben) genau der richtige, um Wörter wie diese auszusprechen:

CUT = schneiden
NUT = Nuss
US = wir

Schneide die Nuss mit uns.

Schwa (SCHWA)

Ich habe beschlossen, diesem Laut kein Bild zuzuordnen, weil er wirklich einzigartig ist; denk dabei einfach an den Originalnamen, der wie eine Hip-Hop-Reggae-Band klingt. Schwa begegnet dir im Englischen praktisch ständig. Ich könnte hier also eine endlos lange Liste mit Beispielen aufführen, habe mich aber für diese hier entschieden:

THE = der / die / das
BIGGER = größer
BANANA = Banane

TH (SCHWA)
BIGG (SCHWA)
B (SCHWA) NAN (SCHWA)

Die größere Banane

(I+SCHWA) **I + Schwa**

Wenn du die Aussprache von Schwa beherrschst, kannst du jetzt versuchen, dem Schwa ein IE voranzustellen. So erhältst du einen neuen Laut, der für sich alleine schon ein englisches Wort ist; er bedeutet “Ohr”. Diesen Laut findest du in Wörtern wie:

EAR = Ohr
NEAR = in der Nähe
HERE = hier

(I+SCHWA)
N (I+SCHWA)
H (I+SCHWA)

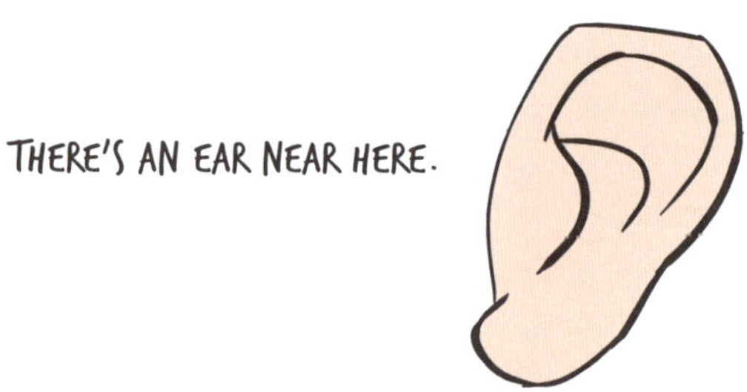

Es gibt ein Ohr hier in der Nähe

BLOCK 2

TWO

TO BE (PART ONE)

SEIN (TEIL EINS)

Das Verb sein und die Pronomen
Tätigkeiten
The wonderful world of it
Das Wetter
Die Uhrzeit
Das Aussehen
Dies, diese, dieser, dieses
Ein bisschen, zu viel
Like

BLOCK TWO

TO BE (PART ONE)

DAS VERB SEIN UND DIE PRONOMEN

Sein oder nicht sein: Das ist hier die Frage. Das ist der berühmteste Satz von Shakespeare (den keiner versteht).

In diesem Satz treffen wir auf ein wichtiges *gold word* – **OR**.

Es bedeutet "oder", und ausgesprochen wird es mit dem Stadionlaut.

- **Me or you?** (Ich oder du?)
- **This or that?** (Dieses oder jenes?)
- **Yes or no?** (Ja oder nein?)

In der Tabelle, die ich für dich vorbereitet habe, findest du sowohl eine Liste der Pronomen als auch die Konjugation von *to be* – in der Langform und in der Kurzform und mit den entsprechenden Symbolen für die Aussprache. Schau dir also die nächste Seite an... *let's go!*

VERB TO BE

Pronomen	Langform	Aussprache	Kurzform	Aussprache	Deutsch
I = ich	I AM	AI ÄHM	I'M	AJM	ich bin
you = du	YOU ARE	JU	YOU'RE	I	du bist
he = er	HE IS	HIE IE S	HE'S	HIE S	er ist
she = sie	SHE IS	IE IE S	SHE'S	IE S	sie ist
it = es	IT IS	IT IE S	IT'S	ITS	es ist
we = wir	WE ARE	UI	WE'RE	UI SCHWA	wir sind
you = ihr	YOU ARE	JU	YOU'RE	J	ihr seid
they = sie	THEY ARE	TH'EJ	THEY'RE	TH'EJ SCHWA	sie sind

Achtung! Wie du siehst, benutzt man im Englischen dasselbe Wort für die Pronomen "du" und "ihr", nämlich **YOU**. Normalerweise geht aus dem Kontext hervor, welches der beiden Pronomen gemeint ist; wenn die Bedeutung aber unklar ist, dann mach es einfach so:

both = alle beide
all = alle

TÄTIGKEITEN

Hi, I'm John and I'm a teacher. (Hallo, ich bin John, und ich bin Lehrer.)
What do you do? (Was machst du?)
Wenn man diese Frage stellt, möchte man wissen, welchem Beruf du nachgehst, mit was du dich beschäftigst. Was machst du? Ganz sicher lernst du gerade Englisch, also:
You are an English student. (Du bist ein Englischlerner.)

THE WONDERFUL WORLD OF "IT"

Mit dem Pronomen **it** bezeichnest du Gegenstände und Tiere, wenn du deren Geschlecht nicht kennst. Wenn wir zum Beispiel den Kölner Dom beschreiben wollen, können wir auf die Frage: "Wie ist der Kölner Dom?" antworten:
It is old but beautiful.

Manche Leute sind der Meinung, dass man Tiere immer mit *it* bezeichnet. Tatsächlich musst du aber im Englischen, wenn du das Geschlecht deines Hundes oder deiner Katze kennst, *he* verwenden, wenn es sich um ein männliches Tier handelt, und *she*, wenn es weiblich ist. Ich würde meinen Hund also niemals mit *it* bezeichnen – es sei denn er bringt mich gerade zur Weißglut... In diesem Fall würde ich aber *idiot* zu ihm sagen.
Wenn ich zum Beispiel ein Pferd sehe, sage ich:
What a beautiful horse! It is magnificent. (Was für ein schönes Pferd! Es ist wunderschön.)
Hier habe ich *it* verwendet, weil ich das Geschlecht nicht kenne. Wenn ich aber näher komme, und seinen Schweif anhebe, dann sind die Zweifel ausgeräumt. Dann wird aus meinem Satz:
What a beautiful horse! She is magnificent. (Was für ein schönes Pferd! Sie ist wunderschön.)

DAS WETTER

Wenn du dich nach dem Wetter erkundigen möchtest, kannst du fragen: **how's the weather?** (Wie ist das Wetter) Darauf antwortet man so:
IT'S + Wetterbedingungen.

In der Liste unten findest du einige Wörter, die du für deine Antwort brauchen kannst.
It's hot. = Es ist heiß.
It's warm. = Es ist warm.
It's cold = Es ist kalt.
It's sunny = Es ist sonnig.
It's windy = Es ist windig.

DIE UHRZEIT

Um die Uhrzeit zu erfahren, kannst du fragen: **What time is it?** Oder etwas salopper: **What's the time?**
Wenn du in England auf der Straße jemanden nach der Uhrzeit fragst, kannst du sagen: **Excuse me, have you got the time please?**
Und wie antwortet man darauf? Die Antwort lautet: **IT'S + die Uhrzeit**.
Schau dir diese Beispiele an:
It's two o'clock = Es ist zwei Uhr. = 2:00/14:00
It's half past three = Es ist halb vier. = 3:30/15:30
It's a quarter to five = Es ist Viertel vor fünf. = 4:45/16:45
It's twenty-five past six = Es ist sechs Uhr fünfundzwanzig. = 6:25/18:25

ÜBUNG 1

Super – mit dem, was du gerade gelernt hast, kannst du jetzt diese Sätze vom Deutschen ins Englische übersetzen. *Ready?*

1. Es ist warm und es ist drei Uhr (3:00).

   ....

2. Es ist windig und es ist Viertel vor zwei (13:45).

   ....

3. Es ist sechs Uhr (6:00) und es ist kalt.

   ....

4. Es ist sonnig und halb fünf (16:30).

   ....

5. Es ist heiß und es ist zwei Uhr (14:00).

   ....

DAS AUSSEHEN

Schauen wir uns jetzt zusammen ein paar Adjektive an. Erinnerst du dich? Das sind die *orange words*. Mit den folgenden Adjektiven kannst du das Aussehen einer Person beschreiben.

NORMAL
normal (Körperbau)

OLD
alt

YOUNG
jung

FAT
dick, fett

THIN
dünn

TALL
groß (Körpergröße)

BIG
groß

SMALL
klein

SHORT
klein (Körpergröße)

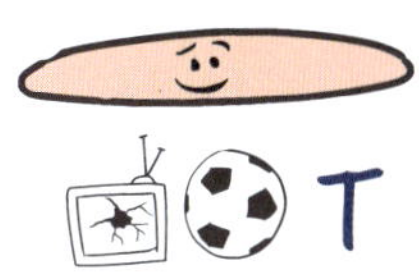

DIES, DIESE, DIESER, DIESES

This = dies/diese/dieser/dieses
is = ist

This ist ein Demonstrativpronomen und ein Demonstrativadjektiv. Es steht im Singular und wird sowohl für männliche als auch für weibliche Sachen, Personen und Tiere verwendet.
Wenn es als Pronomen dient, bildet es das Subjekt des Satzes, und es ersetzt die dritte Person — *he, she, it*.
Zum Beispiel:

This is Patrick. He's tall and happy. (Dies ist Patrick. Er ist groß und glücklich.)

This is Emma. She's short and sad. (Dies ist Emma. Sie ist klein und traurig.)

Wenn **this** ein Adjektiv ist, wird es von einem Substantiv begleitet (und steht immer vor dem Substantiv).
Zum Beispiel:

This pig is fat and happy.
(Dieses Schwein ist dick und glücklich.)

Wichtiger Hinweis!
Wenn du etwas Englisches liest, dann lies bitte immer laut – so kannst du es dir besser merken. Es gibt verschiedene Methoden, Wissen zu speichern; eine davon ist die, sich selbst zuzuhören.

Freunde

Der Plural von **this** lautet **these**.
these = diese
are = sind
Natürlich ändert sich im Plural das begleitende Verb; aus *is* wird also *are*.
these are = Dies sind

Hier sind ein paar Beispiele für dich:
These are my two friends. Felix is tall and thin, David is short and fat.
(Dies sind meine beiden Freunde. Felix ist groß und dünn, David ist klein und dick.)
These are my two friends, Paul and Paulina; she is big but he is small.
(Dies sind meine beiden Freunde, Paul und Paulina; sie ist groß, aber er ist klein.)
These bananas are old. (Diese Bananen sind alt.)
These baskets are big. (Diese Körbe sind groß.)

Genau wie *this* und *these* verhalten sich:
that = der/die/das (dort), Singular
those = jene, Plural

Sie können als Adjektive stehen, wie in diesen Beispielen:
That cat is brown. (Die Katze dort ist braun.)
Those pigs are fat. (Die Schweine dort sind fett.)

Sie können aber auch als Pronomen fungieren, wie in diesen Beispielen:
That is a brown cat. (Das ist eine braune Katze.)
Those are fat pigs. (Das sind fette Schweine.)

DER GEMÜTSZUSTAND

Hier habe ich eine Reihe von *orange words* für dich vorbereitet. Mit ihnen kannst du deine Laune, deine Stimmung – im Englischen *moods* – beschreiben.

HAPPY
glücklich

SAD
traurig

BORED
gelangweilt

EXCITED
aufgeregt

TIRED
müde

CRAZY
verrückt

ANGRY
wütend, verärgert

SHY
schüchtern

DRUNK
betrunken

CONFUSED
verwirrt

BORING
langweilig

SCARED
verängstigt

ÜBUNG 2

Schau dir bitte mein Familien-Fotoalbum an. Wähle dann aus den Adjektiven das jeweils passende aus. *Go!*

HERE
hier

worried – relaxed – scared – angry

This is my grandfather.

Here he is ....

This is my grandmother.

Here she is ....

This is my mother.

Here she is ....

This is my father.

Here he is ....

EIN BISSCHEN, ZU VIEL

MY COFFEE IS TOO HOT, TOO

(Mein Kaffee ist auch zu heiß.)
Ein kleines Wort kommt in diesem Satz zweimal vor – **TOO**. Warum wird es wiederholt? Weil es ein *schizo word* ist, das seine Bedeutung ändert – je nachdem, an welcher Stelle des Satzes es steht.

Wenn du *too* ans Ende eines Satzes stellst, bedeutet es "auch".
There is Michael, too. (Michael ist auch da.)

Wenn du *too* einem Adjektiv voranstellst, dann bedeutet es "zu sehr" (es wird aber nur im negativen Sinn verwendet). Schau dir diese Beispiele an:
Jack is too tall. (Jack ist zu groß.)
Dave is too fat! (Dave ist zu dick!)

ÜBUNG 3

"Tanja auf Männersuche"
Meine Freundin Tanja ist auf der Suche nach dem Traummann, findet ihn aber leider nicht. Deshalb hat sie beschlossen, sich mit unterschiedlichen Männern zu treffen – in der Hoffnung, einen Ehemann zu finden...
Tanja: «Vielleicht war ich bei meiner bisherigen Suche ja zu wählerisch? Ich versuch's jetzt einfach noch einmal...»

Sorry, but you're too...

....

Sorry, but you're too...

....

Sorry, but you're too...

....

Sorry, but you're too...

Sorry, but you're too...

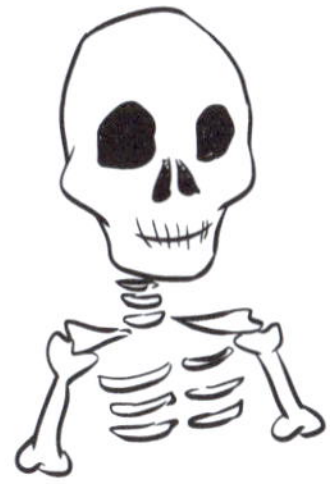

Sorry, but you're too...

Da wir gerade schon am Übertreiben sind, habe ich noch ein schönes *schizo word* für dich: *so*. Dieses Wort bezeichnet im Gegensatz zu *too* eine ausgeprägt positive Eigenschaft.

You're so beautiful. (Du bist so schön.)
She's so intelligent. (Sie ist so schlau.)

This pizza is so nice!
(Diese Pizza ist so gut!)
Eine weitere Bedeutungen des *schizo word so* ist **ALSO**.
I'm hungry, so I eat. (Ich bin hungrig, also esse ich.)
So, what's your name? (Also, wie heißt du?)

SCHLUSS MIT DER GERÜCHTEKÜCHE!

Wenn dich ein Engländer fragt **How are you?** und du möchtest "so lala" antworten, dann darfst du dieses "so" auf keinen Fall mit *so* übersetzen. Weißt du, was er ansonsten versteht? Nichts, außer dass du Ausländer bist. Im Englischen sagt man stattdessen **not bad**.

Es ist aber nicht unbedingt immer alles so (sehr): so gut, so schlecht, u.s.w.
Manche Dinge sind auch nur "ein bisschen" gut oder schlecht.
Schau dir bitte diese Beispiele an:
I'm a bit tired. (Ich bin ein bisschen müde.)
She's a bit sad. (Sie ist ein bisschen traurig.)

ÜBUNG 4

Jetzt darfst du übersetzen, *let's go*!

1. Sie ist so schön!

   ....

2. Du bist ein bisschen schüchtern.

   ....

3. Sie sind zu betrunken, deshalb sind wir ein bisschen verärgert.

   ....

4. Ich bin so glücklich!

   ....

5. Er ist auch zu hungrig.

   ....

6. Das ist Tom; er ist groß.

   ....

7. Die dort sind zu wütend.

   ....

8. Janet ist zu verrückt.

   ....

9. Ich bin ein wenig müde, aber glücklich.

....

10. Also, wie geht's dir?

....

Stell dir jetzt bitte eine Person vor, die du gut kennst: Setze unten deren Namen ein und sag mir, wie es demjenigen geht. Verwende dazu ein Wort fürs Gemütszustand.

.... is ....
(Name) (Adjektiv)

Und jetzt beschreibe das Aussehen der Person, mit zwei Eigenschaften.

.... is .... and ....
(*He/She*) (Adjektiv) (Adjektiv)

Schauen wir mal, ob du es auch schaffst, einen Satz zu dieser Person zu schreiben, und dabei **TOO**, **SO** und **A BIT** in Verbindung mit den Adjektiven zu verwenden, die du einsetzen möchtest.

.... is so .... but too .... and a bit ....
(*He/She*) (Adjektiv) (Adjektiv) (Adjektiv)

ÜBUNG 5

Lies dir jetzt die Sätze auf der folgenden Seite durch und beschreibe die Person bzw. die Personen, von denen die Rede ist. Verwende dabei das richtige Pronomen, das Verb "sein", ein Adjektiv zur Personenbeschreibung und eines zur Gemütsverfassung, wie im Beispiel. *Ready? Go!*

STRONG stark **LAZY** faul

11. Er ist total genervt, weil die Hecke für ihn zu hoch ist, und er das Tennisspiel nicht sehen kann. Also…

    HE'S SHORT AND ANGRY.

12. Er ist während der Feier zu seinem neunzigsten Geburtstag über seinem Kuchenstück eingeschlafen. Also…

13. Sie wog bei ihrer Hochzeit nur 50 kg, aber sie lächelte immer. Also…

14. Er hat zu viel getrunken und spricht jetzt im Stehen mit meinem Ellbogen. Also…

15. Die Spieler der Rugby-Mannschaft waren sehr entspannt; sie schafften es, sich den Ball über eine Entfernung von 300 Metern zuzuspielen. Also…

16. Der Junge hatte nicht den Mut, mit dem Mädchen zu sprechen. Also…

17. Du und ich, wir wiegen 100 kg pro Kopf. Die Fernbedienung liegt einen Meter von uns entfernt, aber der Fernseher bleibt aus. Also…

18. Auch wenn ich gleich einschlafe, bin ich zufrieden. Also…

LIKE

Jetzt möchte ich einem *schizo word* einen separaten Abschnitt widmen: Vor ein paar Seiten hatten wir ein Beispiel mit Pizza. Tom hat gesagt:
I like pizza! (Ich mag Pizza!)
Ist **like** ein Verb, dann verwendest du folgende Satzstellung:
PERSON + VERB TO LIKE + DAS, WAS MAN MAG
Zum Beispiel:
You like football. (Du magst Fußball.)
They like music. (Sie mögen Musik.)
She likes Bruce Springsteen. (Sie mag Bruce Springsteen.)

ACHTUNG! Im dritten Beispiel habe ich am Ende des Wortes *like* ein **S** angehängt. Das ist nötig, weil *she* zur dritten Person Singular gehört; merke dir, dass du bei *he*, *she* oder *it* immer like**s** verwendest.

Like hat aber noch eine andere Bedeutung: *wie*. Es wird verwendet, um zwei Dinge, Personen, Tiere, Orte usw. miteinander zu vergleichen und um eine Ähnlichkeit zum Ausdruck zu bringen. Man könnte es also auch mit "ähnlich wie" übersetzen. Hier habe ich zwei Beispiele für dich:
You are like a flower: young and beautiful. (Du bist wie eine Blume: jung und schön.)
He runs like a cheetah. (Er rennt wie ein Gepard.)

ÜBUNG 6

1. Du magst Pizza.

2. Ich bin wie du.

3. Mir gefällt meine Arbeit (*job*).

4. Sie mag Richard.

5. Er isst (*eats*) wie ein Pferd.

6. Er mag Kaffee.

7. Sie mögen Tiere (*animals*).

8. Sie mögen mein altes kleines Haus (*house*).

9. Er tanzt (*dances*) wie ein Bär (*bear*).

10. Sie sind wie Tiere.

BLOCK 3

THREE

TO BE (PART TWO)

SEIN (TEIL ZWEI)

- Das Verb sein — Die Frageform
- Das Verb sein — Die verneinte Form
- Short answers
- Woher kommst du?
- Nationalitäten
- Ein Blind Date
- Du oder Sie?
- Es gibt

BLOCK THREE

TO BE (PART TWO)

DAS VERB SEIN – DIE FRAGEFORM

Erinnerst du dich noch an das Verb *to be* im Aussagesatz? Wenn du es wiederholen möchtest, spring einfach zu Block 2 zurück und frisch dein Gedächtnis auf. Hier erkläre ich dir, wie du mit dem Verb *to be* Fragen stellen kannst – das funktioniert eigentlich genau wie im Deutschen.

Schau dir das an: 

You are clever. (Du bist klug.) Das ist die Aussageform. Ich sage, dass du klug bist.

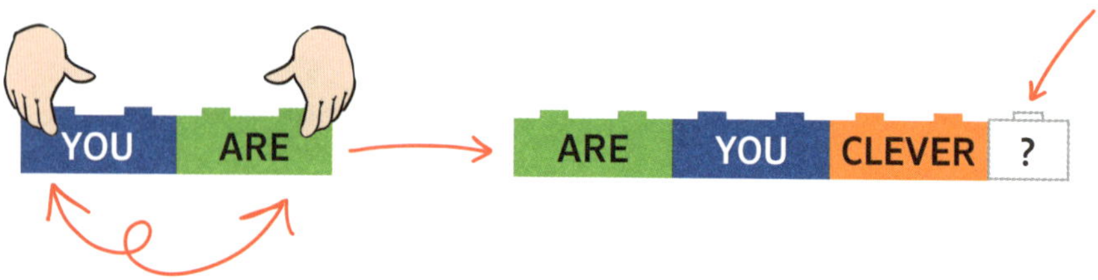

Are you clever? (Bist du klug?) Das ist die Frageform. Es genügt also, das Subjekt und das Verb *to be* zu vertauschen und ans Ende des Satzes den *building block* mit dem Fragezeichen zu setzen.

So einfach ist das!

Um aus einem Aussagesatz einen Fragesatz zu machen, tauscht also das Verb *to be* den Platz mit dem Subjekt (*I*, *you*, etc.).

VERB TO BE

Aussagesatz	Fragesatz
I am	am I … ?
you are	are you … ?
he is	is he … ?
she is	is she … ?
it is	is it … ?
we are	are we … ?
you are	are you … ?
they are	are they … ?

DAS VERB SEIN – DIE VERNEINTE FORM

Für die verneinte Form brauchen wir – zusätzlich zu den Bausteinen des Aussagesatzes – noch einen weiteren Baustein: **not**. Dieser *block* steht immer nach dem Verb.

Du weißt ja, dass wir Engländer die Wörter so weit wie möglich abkürzen, oder? Das tun wir auch in diesem Fall – nämlich so:

VERB TO BE

Langform	Kurzform	Deutsch
I am not	I'm not	ich bin nicht
you are not	you aren't	du bist nicht
he is not	he isn't	er ist nicht
she is not	she isn't	sie ist nicht
it is not	it isn't	es ist nicht
we are not	we aren't	wir sind nicht
you are not	you aren't	ihr seid nicht
they are not	they aren't	sie sind nicht

SHORT ANSWERS

Short answers sind Kurzantworten. Wir Engländer sind gerne sparsam mit Wörtern und vermeiden unnötige Wiederholungen. Gutes Englisch ist kurz und bündig: Je weniger Wörter du benutzt, umso besser. Die *short answers* (*short* = kurz; *answers* = Antworten) zeigen dies besonders deutlich:

Are you Italian?

Yes, I am.

Are you German?

Was denkst du denn??? No, I'm not!

Im allgemeinen antwortet man nicht knapp mit **yes** oder **no**. Man wiederholt aber auch nicht die komplette Frage. Wenn dich also jemand fragt *Are you German?*, lautet die perfekte Antwort nicht *Yes* oder *Yes I'm German*, sondern *Yes, I am* oder *No, I'm not*.
Bei bejahenden *short answers (yes)* verwendet man immer die Langform des Verbs sein!

WOHER KOMMST DU?

where = wo
are = bist
you = du
from = von, aus

Where ist ein *question word* (man braucht es, um Fragen zu stellen) und bedeutet "wo". Du kannst dieses Wort aber auch in Aussagesätzen verwenden. Schau dir dieses Beispiel an:
I'm from Birmingham, where the sky is always grey.
(Ich komme aus Birmingham, wo der Himmel immer grau ist.)

NATIONALITÄTEN

Mit dem *gold word* **from** hast du gelernt zu sagen, woher du kommst. Deine Nationalität kannst du mit den nun folgenden neuen Adjektiven benennen. Sie gehören zu den *orange words*.

I'm English, you're German
- or Austrian or Swiss (probably).

English = Engländer/in, englisch
German = Deutsche/r, deutsch
American = Amerikaner/in, amerikanisch
French = Franzose/Französin, französisch
Spanish = Spanier/in, spanisch
Italian = Italiener/in, italienisch

EIN BLIND DATE

Wir haben bei einer großen Partnervermittlung namens "LovTel" Nachforschungen angestellt. Die folgenden Beispiele geben Telefongespräche zwischen Personen unterschiedlicher Nationalitäten wieder.

ANMERKUNG DES HERAUSGEBERS

Der Verlag legt Wert darauf festzustellen, dass der Autor keinerlei Nachforschungen dieser Art angestellt hat. Eingehende Recherchen haben außerdem ergeben, dass der Autor Premiumkunde bei LovTel war (dieser Titel wird den treuesten Kunden verliehen). Vor Kurzem wurde er allerdings vom Kundenkreis ausgeschlossen, weil er wiederholt falsche Angaben zum Alter und zu anderen persönlichen Daten gemacht hatte.

Gleich wirst du sehen, dass man im Englischen nicht *I am* sagt, wenn man sich am Telefon vorstellt – wie man das bei einer persönlichen Vorstellung tut. Man sagt stattdessen *this is* – also "dies ist" –, weil der Gesprächspartner einen nicht sieht.

Jock: Hi, this is Jock, I'm Scottish and I'm a man, ich bin ein Mann. Are you a woman, bist du eine Frau?
Carmen: Hi, this is Carmen and yes, I'm a woman. I'm a Spanish woman.

Carmen und Jock haben geheiratet und einem Sohn namens Amish das Leben geschenkt. Sie sind sehr glücklich und haben in Madrid einen großen Laden für Schottenröcke eröffnet.

Roberto: Hi, this is Roberto and I'm Italian.
Ping: Hi, this is Ping and I'm Chinese.
Roberto: Wen interessiert das denn?

Jean-Pierre: Hello, this is Jean-Pierre and I'm French.
Charlotte: Hi, this is Charlotte and I'm French, too.
Jean-Pierre: Alors, pourquoi est-ce que nous parlons en anglais?
Charlotte: Je ne sais pas... je déteste les anglais!
Jean-Pierre: Moi, aussi! Surtout l'idiot qui vient de Birmingham.

George: Hello, this is George.
Marianna: Hi George, this is Marianna.
George: Are you Spanish?
Marianna: No, I'm not. I'm Brazilian.
George: Are you a woman?
Marianna: Sometimes.

John: Hello, this is Jo... Joshua.
Lena: Hello Jo Joshua, darf ich JoJo zu dir sagen?
John: Yes, ok. Where are you from?
Lena: I'm Austrian. And you, JoJo?
John: I'm English, aber ich kann auch Deutsch.
Lena: Oh nein! Ich glaube, ich brauche doch keinen Partner!
John: Es ist doch jedes Mal dasselbe...

DU ODER SIE?

Zum Glück gibt es im Englischen kein "Sie". Wir duzen uns alle. Hier unten findest du einen Dialog zwischen zwei Personen, die sich duzen, obwohl sie sich nicht kennen. Ein Arzt unterhält sich in seiner Praxis mit einer neuen, betagten Patientin...

Arzt: Hallo, wie heißt du?
Betty: Ich heiße Betty Brown.
Arzt: Wie alt bist du?
Betty: Eine Dame fragt man nie nach ihrem Alter! Was erlaubst du dir?
Arzt: Ich brauche das Alter für die Patientenakte!
Betty: Okay... 72.
Arzt: Wie geht es dir, Betty?
Betty: Ich bin alt und müde.
Arzt: Ich auch!

Betty: Oh du Ärmster... wie heißt du?
Arzt: Doktor Smith. Ich bin 65.
Betty: Das Alter interessiert mich nicht, ich habe nach deinem Namen gefragt.
Arzt: Ich muss aber mein Alter angeben, wie sollen die Lerner sonst auf Fragen nach meiner Person antworten?
Betty Ich glaub's nicht...
Arzt: Was machen deine Augen?
Betty: Die Augen sind in Ordnung, aber warum fragst du?
Arzt: Weil du mit der Lampe sprichst.
Betty: Ah, entschuldige. Aber meinen Augen geht's gut, ich bin nur betrunken.
Arzt: Betty, warum bist du hier?
Betty: Ich warte auf die Pizza! Ich habe Hunger.
Arzt: Hör mal, das hier ist ein Krankenhaus.
Betty: Na gut, ich habe dir ja gesagt, dass ich betrunken bin.
[*Der Pizzabote kommt mit der Pizza*]
Gino: Für wen ist die Margherita?
Betty: Für mich! Danke.
Gino: Oh - schon wieder dieser Verrückte, der sich einbildet, er sei Arzt? Geh nach Hause! Du hast doch ein Zuhause, oder?
Arzt: *Sorry*... ich gehe schon.

ÜBUNG 7

Beantworte jetzt die Fragen zur Geschichte, die du gerade gelesen hast. Verwende dabei die unten stehenden *short answers*.

Yes, she is. - No, it isn't. - Yes, they are. - No, she isn't - Yes, I am / No, I'm not. - No, he isn't - No, she isn't. - No, he isn't - No, it isn't - No, they aren't - Yes, she is. - Yes, they are - Yes, she is. - No, they aren't. - No, he isn't - Yes, she is. - No, he isn't. - No, she isn't

1. Is Betty young and tired?

....

2. Is the doctor drunk?

....

3. Are you young and beautiful?

....

4. Is Betty 72 years old?

....

5. Are Betty and the doctor in a clinic?

....

6. Is the lamp (Lampe) a doctor?

....

7. Are Betty and the doctor tired?

....

8. Are Betty and the doctor in a pizzeria?

....

9. Is Betty hungry?

....

10. Is Betty old and tired?

....

11. Are Betty and the doctor in love?

....

12. Is Betty drunk?

....

13. Is Gino drunk?

....

14. Is the doctor a lamp (Lampe)?

....

15. Is the doctor 72 years old?

....

16. Is Betty 65 years old?

....

17. Is Betty old and young?

....

18. Is this story stupid?

....

ES GIBT

Dass *here* dem deutschen Wort "hier" entspricht, hast du ja bereits gelernt.
Jetzt gibt es ein neues Wort, **THERE** – es ist ein *schizo word*.

Die erste Bedeutung, die du lernen solltest, lautet "dort".
I'm here, you're there. (Ich bin hier, du bist dort.)
Die zweite Bedeutung von *there* steht in Kombination mit dem Verb *to be*. Schau hier:
there is = es gibt (Singular)
there are = es gibt (Plural)

There is a boy. (Da ist ein Junge.)
There are two boys. (Da sind zwei Jungen.)
Jetzt pass bitte genau auf:
There is a woman there. (Dort ist eine Frau.)
There is a man here. (Hier ist ein Mann.)

Und noch ein Beispiel:
There is a man here; there, there is a woman. (Hier ist ein Mann; dort ist eine Frau.)

ACHTUNG! Die meisten Englischlerner geben an dieser Stelle auf, weil sie wichtige Dinge nicht verstanden haben. Du solltest wissen, dass wir hier gerade das sprichwörtliche Eis brechen und dass Englisch schön und unterhaltsam ist, wenn du erst einmal im Wasser gelandet bist.
Wir machen jetzt einen Test um zu sehen, an welchem Punkt du angelangt bist. Wenn du genau 15 von den 20 Sätzen übersetzen kannst, dann mach weiter. Wenn dir weniger als 15 gelingen, geh nochmals zum Anfang des Buches zurück und mach dir keine Sorgen! Jeder kommt im eigenen Tempo voran. Wenn du das Buch zum zweiten Mal liest, geht es schon viel einfacher und schneller.
Im Gegensatz zu vielen anderen Lehrern bin ich der Meinung, dass die Übersetzung beim Lernen sehr hilfreich ist. Oft hört man die Weisheit: "Du musst auf Englisch denken". Dazu möchte ich dir etwas Wichtiges sagen: nicht du entscheidest, wann du auf Englisch denkst!! Dein Gehirn entscheidet das automatisch für dich. Das ist aber sehr schwierig, wenn du nicht schon ein gewisses Niveau erreicht hast. Für dein Gehirn ist es ganz normal zu übersetzen. Dafür musst du allerdings den Satzbau im Englischen kennen, damit du die Sätze im Geiste umstellst, bevor du redest oder schreibst.

ÜBUNG 8

MEGA TEST

Bist du bereit für diesen ersten großen Test? Bevor du beginnst, schenke ich dir ein weiteres *schizo word*: **JUST**. Es bedeutet "nur" (**I'm just tired** – Ich bin nur müde), aber auch "gerade" und "wirklich".
Und jetzt... gute Übersetzung!

JUST

Protagonisten sind der Franzose Alain Delon (A) und Gertrude (G), eine Deutsche. Meine Anmerkungen in Klammern brauchst du nicht zu übersetzen!

MAYBE
vielleicht

HANDSOME
schön *(nur bei Männern)*

BECAUSE
weil

ROMANTIC
romantisch

NIGHT
Nacht

DRINK!
trink!

BROTHER
Bruder *(Plural: brothers)*

1. A: Hi!

2. G: Hallo.

3. A: Du bist schön! Wie heißt du? Woher kommst du?

4. G: Gertrude, ich bin Deutsche und gelangweilt, und du?

5. A: Ich heiße Alain Delon, ich bin jung, glücklich und Franzose *(Wenn sie vorher gelangweilt war, was ist sie dann jetzt wohl?)*

6. G: Wie spät ist es bitte?

7. A: Es ist sonnig!

8. G: Wie spät ist es bitte?

9. A: Es ist zwei Uhr.

10. G: Danke.

11. A: Du bist zu dünn. Hast du Hunger? *(Die Franzosen sind wirklich geschickt im Umgang mit Frauen...)*

12. G: Nein danke, Alain. Ich bin nur gelangweilt. *(Wir auch...)*

13. A: Oh Gertrude! Ich bin zu verrückt und betrunken. Vielleicht liebe ich dich.

14. G: Du bist so romantisch und so schön, aber du bist Franzose. Tut mir leid.

15. A: Du bist nicht betrunken. Trink, trink!

16. G: Es ist heiß und windig. Die Nacht ist so romantisch... Wo ist dein Bruder?

....

17. A: Meine beiden Brüder sind nicht hier, weil sie traurig und müde sind.

....

18. G: Ich bin nicht betrunken und ich bin nicht dumm, ich bin keine Deutsche,
und ich bin keine Frau.

....

19. A: Was bist du dann?

....

20. G: Ich bin gelangweilt.

....

Das ist das Drehbuch meines neuen Kurzfilms, den ich in Cannes vorstellen werde. Ehrlich gesagt bin ich nicht sehr optimistisch – und die in Cannes sind es auch nicht. Trotzdem Dank an die Schauspieler Max Mustermann (Alain Delon) und Michaela Müller (Gertrude).

BLOCK 4

FOUR

TO HAVE

HABEN

To have
1 to have (got) = haben
Bejahte Form
Gegensätze
Die Frageform
Die verneinte Form
Short answers
2 to have = bei der Benennung von Tätigkeiten
Das Conditional Zero
3 to have = Aufforderung, etwas zu tun
4 to have = jemandem etwas wünschen
Der angelsächsische Genitiv und die Präposition “of”
Pluralbildung
Zählbar oder nicht?
Some, any, no

BLOCK FOUR

TO HAVE

TO HAVE

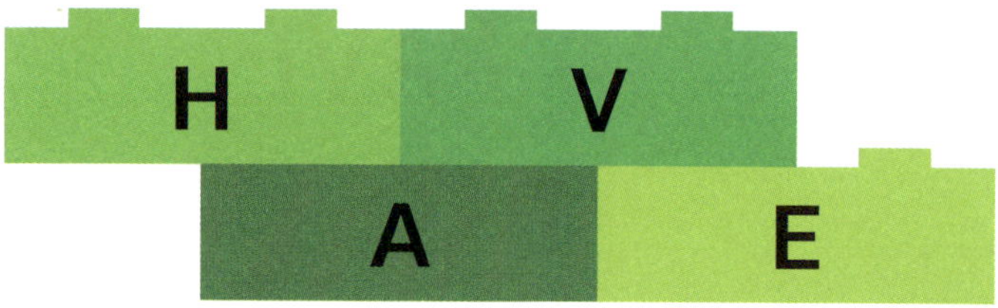

Das englische Verb **TO HAVE** hat im Deutschen verschiedene Entsprechungen, denn es wird vielfältig eingesetzt. Die vielen Bedeutungen von *have* können wir in vier Blöcke unterteilen:

1 HAVE (GOT) = haben, besitzen
2 HAVE = in Verbindung mit Tätigkeiten
3 HAVE = Aufforderung, etwas zu tun
4 HAVE = jemandem etwas wünschen

1 HAVE (GOT) = HABEN, BESITZEN

Bejahte Form

Beginnen wir mit *I have* – das bedeutet “ich habe”. Wenn ich den Besitz der Sache betonen möchte, füge ich das Wort *got* hinzu. **I have got** heißt also ich habe, ich besitze.
Im Sinne von “besitzen” kann ich *have* nur dann abkürzen, wenn ich es mit *got* zusammen verwende – und zwar so: **I've got**. *Have* bzw. *'ve* bleibt, bis auf eine Ausnahme, für alle Personen gleich: Lediglich in der dritten Person Singular (*he, she, it*) benötigt man **has** (das bedeutet “hat”). Abgekürzt wird daraus **'s**.

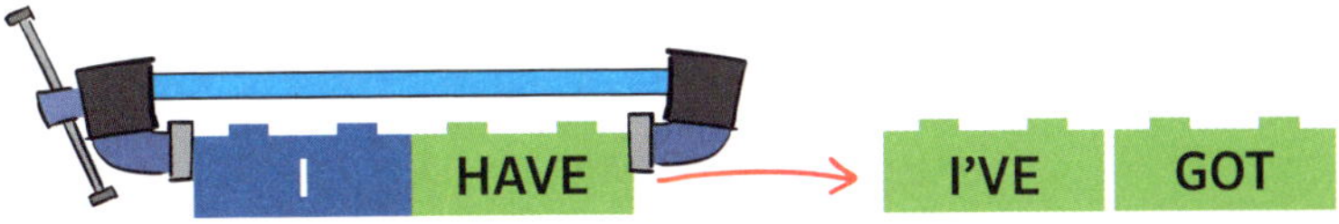

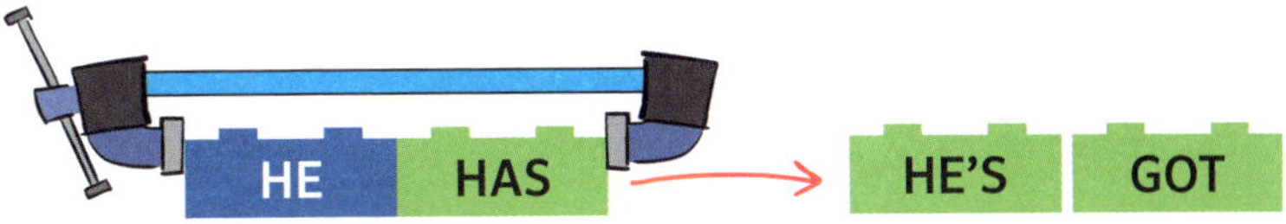

In einem bejahten Satz steht es dir frei, *got* zusammen mit dem Verb *have* zu verwenden oder nicht. Mit *got* wird die Bedeutung des Besitzes betont; wenn du es weglässt, ist es aber genauso richtig.

Fahrkarte

Kopfschmerzen

I have a ticket oder **I have got a ticket** – beide Formen sind korrekt. Sie werden verwendet...

... im Zusammenhang mit Besitz:
I have (got) a new car. (Ich habe ein neues Auto.)
He has (got) two cherries. (Er hat zwei Kirschen.)

... im Zusammenhang mit persönlichen Beziehungen:
You have (got) a sister. (Du hast eine Schwester.)
We have (got) two brothers. (Wir haben zwei Brüder.)

... im Zusammenhang mit einer Krankheit oder mit gesundheitlichen Beschwerden:
I have (got) a terrible headache. (Ich habe schreckliche Kopfschmerzen.)
I have (got) a cold. (Ich habe eine Erkältung.)

... im Zusammenhang mit besonderen Merkmalen:
He has (got) a tattoo. (Er hat eine Tätowierung.)

Die folgende Tabelle verschafft dir einen Überblick über die bejahte Form:

DIE BEJAHTE FORM

Langform	Kurzform	deutsch
I have (got)	I've (got)	ich habe
you have (got)	you've (got)	du hast
he has (got)	he's (got)	er hat
she has (got)	she's (got)	sie hat
it has (got)	it's (got)	es hat
we have (got)	we've (got)	wir haben
you have (got)	you've (got)	ihr habt
they have (got)	they've (got)	sie haben

Lies dir jetzt bitte diesen Dialog zwischen Tom und Herrn Soundso (HSO) durch:

Tom: Excuse me.
HSO: Yes?
Tom: Have you got a minute?

FOR für

ROOM Zimmer

ASK fragen

HSO: Yes, I have.
Tom: Have you got the time?
HSO: Yes, it's 5 o'clock.
Tom: Have you got a girlfriend?
HSO: No, I haven't.
Tom: Have you got a friend?
HSO: Yes, I have. His name is Paul.
Tom: Have you got a house?
HSO: Yes, I have.
Tom: Have you got a room for me?
HSO: No, I haven't.
Tom: Has Paul got a room in his house for me?
HSO: Paul lives with me.
[*das Telefon von HSO klingelt*]
HSO: Hello? Mr Soundso speaking. Oh, hello Paul!
Tom: Has Paul got a girlfriend?
HSO: Yes, sorry there is a crazy man here. He just asks questions with "have got". And now I've got a headache. Don't worry (*keine Sorge*), now the crazy man is in the greengrocer's.

GEGENSÄTZE

Im Deutschen gibt es einige Wörter, die in Verbindung mit einer Vorsilbe eine gegenteilige Bedeutung annehmen. Am häufigsten verwendet man dafür die Vorsilbe **un-**; so wird zum Beispiel aus **gemütlich ungemütlich**. Dasselbe geschieht auch, wenn ich dem Adjektiv **kompetent** dic Silbe **in-** voranstelle – daraus wird dann **inkompetent**. Manchen Wörtern kann ein **a-** vorangestellt werden: aus **typisch** wird **atypisch**. Im Englischen ist das ähnlich:

1 Wenn ich manchen Adjektiven die Vorsilbe **UN-** voranstelle, wird deren Bedeutung ins Gegenteil verkehrt.

un + happy (glücklich) = **unhappy** (unglücklich)
un + clean (sauber) = **unclean** (schmutzig)

un + kind (freundlich) = **unkind** (unfreundlich)
un + usual (gewöhnlich) = **unusual** (ungewöhnlich)
un + grateful (dankbar) = **ungrateful** (undankbar)

2 Wie bei der deutschen Nachsilbe **-los** erhalte ich im Englischen durch Anhängen der Silbe **-LESS** ein neues Wort mit der Bedeutung "ohne + das entsprechende Wort".

wire (Draht) + **less** = **wireless** (drahtlos)
end (Ende) + **less** = **endless** (endlos)
top (Oberteil) + **less** = **topless** (oben ohne)
sugar (Zucker) + **less** = **sugarless** (zuckerfrei)
pain (Schmerz) + **less** = **painless** (schmerzfrei)

DIE FRAGEFORM

Wenn du mit dem Verb *to have* eine Frage stellen möchtest, genügt es im Unterschied zum Deutschen nicht, die Bausteine zu vertauschen (wie das beim Verb *to be* der Fall ist. Erinnerst du dich? Schau dir nochmals *Block 3* an) - es sei denn, du fügst *got* ein. Also so:
You have (got) a ticket.
Have you GOT a ticket?
Wenn du in deiner Frage auf *got* verzichten möchtest, brauchst du einen neuen Baustein, das *gold word*:

Do ist ein *gold word*, weil es eines der grundlegenden Wörter ist, die du brauchst, um Verben im Englischen richtig anzuwenden. Ich zeige dir hier erst einmal, wie man es zusammen mit dem Verb *have* gebraucht.

ACHTUNG! Für die dritte Person Singular (*he, she, it*) brauchst du am Anfang des Satzes einen anderen Baustein: **DOES**.

Merke dir: Wenn du eine Frage mit *do* (oder *does* – je nachdem) bildest, kannst du **NICHT** im selben Satz *got* verwenden. Du musst dich für die eine oder die andere Möglichkeit entscheiden.
Die Tabelle hier fasst kurz zusammen, was ich dir gerade erklärt habe:

VERB TO HAVE

Aussagesatz	**Fragesatz 1**	**Fragesatz 2**
I have (got) ...	have I got ... ?	do I have ... ?
you have (got) ...	have you got ... ?	do you have ... ?
he has (got) ...	has he got ... ?	does he have ... ?
she has (got) ...	has she got ... ?	does she have ... ?
it has (got) ...	has it got ... ?	does it have ... ?
we have (got) ...	have we got ... ?	do we have ... ?
you have (got) ...	have you got ... ?	do you have ... ?
they have (got) ...	have they got ... ?	do they have ... ?

DIE VERNEINTE FORM

Ähnlich wie bei der Frageform kannst du auch bei der verneinten Form *got* verwenden. Wenn du deinen Satz damit bilden möchtest, genügt es, *not* dem Verb (*have* oder *has*) in der abgekürzte Form (*haven't* oder *hasn't*) hinzufügen. Möchtest du den Satz ohne *got* bilden, brauchst du unbedingt **DO + NOT** (abgekürzt wird daraus **DON'T**) oder **DOES + NOT** (nur bei der dritten Person Singular – abgekürzt **DOESN'T**).
I haven't got a ticket.
I don't have a ticket.

VERB TO HAVE

Bejaht	Verneint 1	Verneint 2
I have (got) ...	I haven't got ...	I don't have ...
you have (got) ...	you haven't got ...	you don't have ...
he has (got) ...	he hasn't got ...	he doesn't have ...
she has (got) ...	she hasn't got ...	she doesn't have ...
it has (got) ...	it hasn't got ...	it doesn't have ...
we have (got) ...	we haven't got ...	we don't have ...
you have (got) ...	you haven't got ...	you don't have ...
they have (got) ...	they haven't got ...	they don't have ...

“I don’t have” vs **“I haven’t got”**
Sätze mit *do* (bzw. *does*) zu bilden, wie es die Amerikaner bei Fragen und verneinten Sätzen gerne machen, ist vollkommen in Ordnung. Das ist so gut, dass wir diese Form auch in England häufig verwenden.
Zusammenfassung:

I have got a house bzw. I have a house.
Peter has got a house bzw. Peter has a house.

Have you got a house? bzw. Do you have a house?
Has Jane got a house? bzw. Does Jane have a house?

I haven’t got a house bzw. I don’t have a house.
Diane hasn’t got a house bzw. Diane doesn’t have a house.

SHORT ANSWERS

Wie mit dem Verb *to be* kannst du auch mit *to have* Kurzantworten bilden, bei denen nicht der komplette Inhalt der Frage wiederholt wird. Du musst dabei allerdings beachten, wie die Frage gestellt wurde (also mit *got* oder mit *do*).

1 Wurde die Frage mit *got* gestellt, wird die Antwort so gebildet:
Have you got a computer? (Hast du einen Computer?)
Yes, I have. (Ja, ich habe einen.)
No, I haven’t. (Nein, ich habe keinen.)
Wie du siehst, ist es nicht nötig, *got* in der Antwort zu wiederholen. Du bildest die Antwort einfach so:
YES / NO + PRONOMEN + HAVE / HAVEN’T

NUR bei der dritten Person Singular solltest du daran denken, dass das Verb *has* (im Aussagesatz) bzw. *hasn't* (im verneinten Satz) lautet.
Has Concy got many shoes? (Hat Concy viele Schuhe?)
Yes, she has!!! (Ja!!!)

2 Wurde die Frage mit *do* – also ohne *got* – gestellt, musst du so antworten:
Do you have a computer? (Hast du einen Computer?)
Yes, I do. (Ja, ich habe einen.)
No, I don't. (Nein, ich habe keinen.)

Auch hier solltest du auf die dritte Person Singular (*he, she, it*) achten: *does*, wenn du mit "ja" antwortest bzw. *doesn't*, wenn du verneinst.
Does Concy have many shoes? (Hat Concy viele Schuhe?)
Yes, she does!!! (Ja!!!)

Bei **do** gibt es kein **got** und umgekehrt: bei **got** gibt es kein **do**.

ÜBUNG 9

Jetzt darfst du übersetzen! In Klammern findest du einige Hinweise – diese musst du nicht übersetzen.

1. Ich habe vier rote Erdbeeren bei mir.

   ....

2. Hast du bitte einen Korb (verwende bitte *got*) — Ja.

   ....

3. Hast du eine Freundin? (verwende bitte *do*) Wie heißt sie?

   ....

4. Sie ist traurig, weil sie kein neues Auto hat. (verwende bitte *got*)

   ....

5. Wir haben zwei Pferde, aber wir haben keinen Hamster. (verwende bitte *do*)

   ....

2 HAVE BEI DER BENENNUNG VON TÄTIGKEITEN

Die Bedeutung von *have*, die ich dir jetzt erklären möchte, zeigt, wie verbreitet das Verb im Englischen ist – du solltest es also gut lernen! *Have* kommt im Alltag sehr häufig vor. Diese Liste zeigt dir die wichtigsten Beispiele:

have a shower (duschen)
have a party (eine Party feiern, ein Fest geben)
have a walk (einen Spaziergang machen)
have breakfast (frühstücken)
have lunch (zu Mittag essen)
have a snack (eine Kleinigkeit essen)
have dinner (zu Abend essen)
have a nap (ein Nickerchen machen)
have a chat (ein Schwätzchen halten)
have a holiday (Urlaub machen)
have fun (Spaß haben)

So, und jetzt **let's have a break** (machen wir eine Pause)!

Was ist **LET'S**? Das ist eine Aufforderung, eine Einladung an jemanden, etwas zu tun. Im Englischen steht *let's* immer am Satzanfang; es wird häufig verwendet. Wenn du einen Satz mit *let's* beginnst, brauchst du kein Subjekt, weil es klar ist, dass du alle Anwesenden aufforderst.

Let's have a cup of tea (Lass uns eine Tasse Tee trinken!) – Du schlägst vor, eine Tasse Tee zu trinken. Es ist klar, dass du es dem- bzw. denjenigen vorschlägst, die um dich herum sind.
Let's go to the cinema (Lass uns ins Kino gehen!) – Es ist Mittwochabend, und Birmingham City spielt in diesem Jahr nicht in der Champions League mit... Da braucht es etwas Ablenkung; gehen wir lieber ins Kino.
Let's dance! (Lass uns tanzen!) – Concy, meine Frau, braucht die passenden Schuhe und die passende Musik, um zu tanzen. Ich brauche dafür lediglich drei Bier. Okay, weiter geht's nach diesem kleinen Intermezzo... *Let's go!*

Stopp – noch einen Augenblick. Ich setze so großes Vertrauen in dich, dass ich dir jetzt eine echte Granate zuwerfe: eines der *conditionals*. Es heißt *Conditional Zero*. Ich bin mir sicher, dass du es im Handumdrehen verstehst; du trägst bereits das Rüstzeug, um es richtig einzusetzen.

DAS CONDITIONAL ZERO

Das ist ein Konditional, das eine Sicherheit voraussetzt – es heißt "*conditional zero*". Der Satz besteht aus zwei Teilen, und beide Teile beinhalten eine Wahrheit, etwas Reelles.
Um dieses Konditional zu lernen, brauchst du zwei neue *building blocks*. Der erste ist **IF**, ein *gold word*; es bedeutet "wenn". Der andere Baustein ist ein *question word*: In diesem Fall wird es aber nicht dazu verwendet, Fragen zu stellen. Das Wort lautet **WHEN** und bedeutet im Deutschen "(immer) wenn".

Das *conditional zero* verwendet man häufig, wenn es um eine absolute Wahrheit (wie zum Beispiel wissenschaftliche Erkenntnisse) geht. Ich möchte dir aber auch zeigen, wie du es im Alltag einsetzen kannst.
If you are happy, I am happy too.
(Wenn du glücklich bist, bin ich auch glücklich.)
When you are angry, I am sad.
(Wenn du wütend bist, bin ich traurig.)
If my brother is here, our mum has a chat with him.
(Wenn mein Bruder hier ist, hält unsere Mutter ein Schwätzchen mit ihm.)
When it's snowing, it's very cold.
(Wenn es schneit, ist es sehr kalt.)
Ob du *if* oder *when* verwendest, kannst du selbst entscheiden. Der Satz wird folgendermaßen gebildet:

IF / **WHEN**	**SATZ 1**	,	**SATZ 2**

Satz 1 und **Satz 2** sind meistens gegeneinander austauschbar; entscheide selbst, welchen Satz du an die erste Stelle setzt. Wichtig ist, dass du in beiden Sätzen das Präsens verwendest.

ÜBUNG 10

Übersetze jetzt bitte diese Sätze. Es handelt sich um einen Mix aus *Conditional Zero* und *have* (in Verbindung mit Tätigkeiten). *Let's start!*
Beispiel: **If you want to be clean, you have a shower.**

1. Wenn er Spaß haben möchte, macht er eine Party.

   ....

2. Wenn ich Hunger habe, esse ich eine Kleinigkeit.

   ....

3. Wenn ich müde bin, mache ich ein Nickerchen.

   ....

4. Wenn ich sehr müde bin, mache ich Urlaub.

   ....

5. Wenn meine Tochter traurig ist, halte ich ein Schwätzchen mit ihr.

   ....

6. Wenn ich nichts zu essen habe (*I have no food*), esse ich mit meinen Freunden zu Abend.

   ....

7. Wenn ich um 12 Uhr Hunger habe, esse ich zu Mittag.

   ....

8. Wenn sie nachdenken möchten (*to think*), machen sie einen Spaziergang.

   ....

3 TO HAVE = AUFFORDERUNG, ETWAS ZU TUN

Das Verb *have* kannst du auch verwenden, um jemandem etwas vorzuschlagen oder um eine Person aufzufordern, etwas zu tun oder zu nehmen.

Gemeint sind Aufforderungen, etwas auf die Schnelle zu tun, einen kurzen Blick auf etwas zu werfen, eben mal kurz zuzuhören, etc.

Aufforderung, etwas zu tun
Have a look! (Guck mal!)
Have a listen to this song! (Hör dir dieses Lied an!)
Have a taste of this (Koste hiervon!)
Aufforderung, etwas zu sich zu nehmen
Have a biscuit! (Nimm dir einen Keks!)
Have a cup of tea! (Trink eine Tasse Tee!)
Have a drink with me! (Trink etwas mit mir!)

4 TO HAVE = JEMANDEM ETWAS WÜNSCHEN

Eine letzte Möglichkeit ist es, *to have* im Kontext mit guten Wünschen für jemanden zu verwenden.
Have a good day! (Einen guten Tag!)
Have a nice holiday! (Schöne Ferien!)
Have a great Christmas! (Wunderschöne Weihnachten!)
Have a wonderful birthday! (Einen wunderschönen Geburtstag!)
Have fun! (Amüsiere dich gut!)

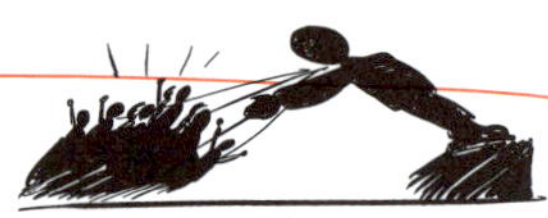

SCHLUSS MIT DER GERÜCHTEKÜCHE!

FUN ist ein Substantiv und bedeutet “Spaß, Vergnügen”. Man drückt damit aus, dass etwas oder jemand unterhaltsam ist.
This film is fun. (Dieser Film ist unterhaltsam.)
To have fun. (Spaß haben, sich amüsieren.)
FUNNY ist ein Adjektiv und bedeutet, dass etwas oder jemand einen zum Lachen bringt – lustig ist.

This is a funny film. (Das ist ein lustiger Film.)
Funny bedeutet allerdings auch komisch im Sinne von "merkwürdig, seltsam". Dies ist einer der sehr seltenen Fälle, in denen man nur aus dem Tonfall (oder aus der Situation) darauf schließen kann, welche Bedeutung gemeint ist.
There's something funny about that man. (Irgendetwas an diesem Mann ist seltsam.)

DER ANGELSÄCHSISCHE GENITIV UND DIE PRÄPOSITION "OF"

Nachdem wir bis hierher einen langen Weg gemeinsam zurückgelegt haben, möchte ich dir jetzt etwas sehr Wichtiges sagen: **I'm very proud of you!** Ich bin sehr stolz auf dich! Und jetzt erkläre ich dir den angelsächsischen Genitiv. Mit diesem gibst du im Englischen an, wem eine Sache gehört.

PROUD
stolz

So wird er gebildet:
BESITZER + 'S + BESITZ
Zum Beispiel: **my sister's house** (das Haus meiner Schwester)
Concy's shoes (Concys Schuhe – ziemlich viele!)

Den angelsächsischen Genitiv verwendet man im Zusammenhang mit:
- **PERSONEN**: **my grandfather's dog** (der Hund meines Großvaters)
- **TIEREN**: **his dog's bone** (der Knochen seines Hundes)
- **AUSSAGEN, DIE DAS WETTER BETREFFEN**: **yesterday's rain** (der gestrige Regen)
- **STÄDTEN ODER NATIONEN**: **Germany's most polluted street** (Deutschlands verschmutzteste Straße)

Möchtest du eine Zugehörigkeit ausdrücken mit Wörtern, die unter keine der oben genannten Kategorien fallen, musst du die Präposition **OF** verwenden.

Sie bedeutet "von" und wird mit dem *pink word* **THE** kombiniert. Einfach, oder?
The colour of the pen. (Die Farbe des Stiftes.)

ÜBUNG 11

Jetzt wirst du die englischen Bezeichnungen für einige Teile des Gesichts kennenlernen. Schau dir bitte das Bild meines Freundes Kevin an.

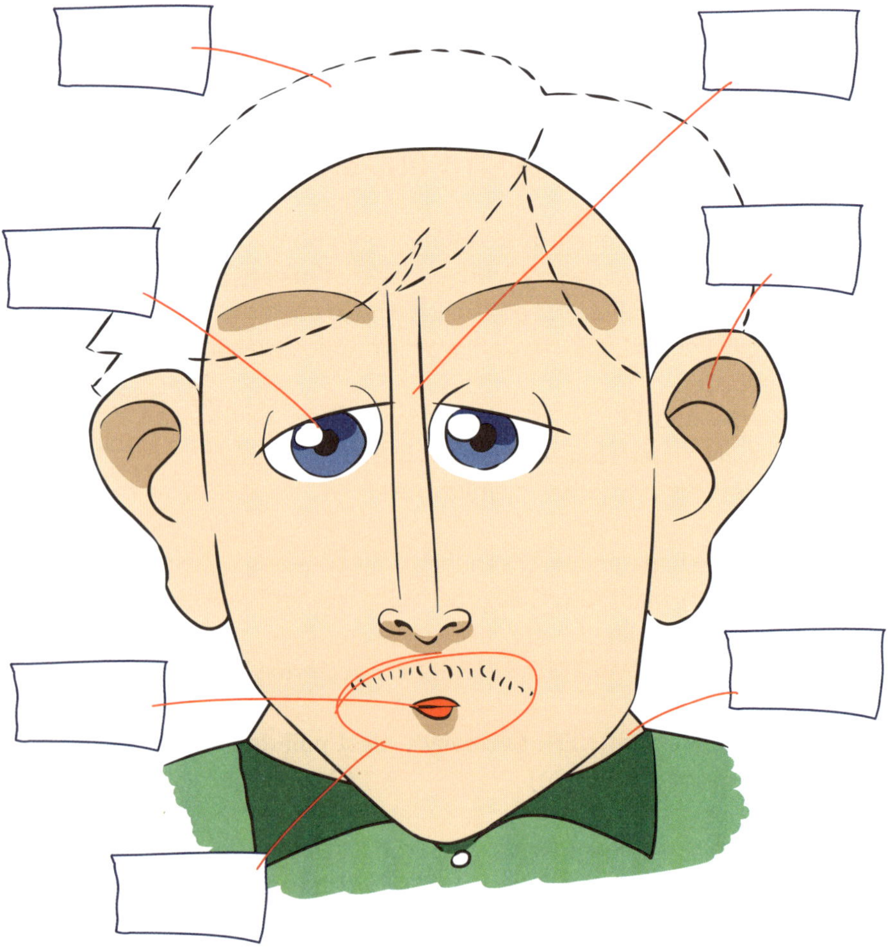

NOSE – EYE – MOUTH – EAR – LIPS – NECK – HAIR

Und nun liest du bitte, wie ich das Gesicht meines Freundes Kevin beschreibe. **Kevin has a long nose, a short neck, big blue eyes, a small mouth, big ears, red lips and no hair.**
Du kannst jetzt die Zeichnung ergänzen, indem du die richtigen Wörter in die leeren Felder schreibst.

PLURALBILDUNG

Es ist an der Zeit, endlich ein paar Worte zur Pluralbildung der Substantive zu sagen. Die Pluralbildung auf Englisch ist ganz **easy**! In den meisten Fällen hängst du einfach ein -S an die Singularform des Wortes an. Beispielsweise *one egg, two eggs, one boy, two boys*. Damit es aber spannend bleibt, gibt es ein paar Ausnahmen, bei denen die Endung im Plural nicht -S sondern -ES lautet.

Regel	Singular	Plural	Deutsch
Wenn das Wort auf -Y endet und diesem ein Konsonant vorangeht, wird das Y zu einem I, und die Pluralendung -ES wird ans Wort angehängt.	cherry baby lady	**cherries** **babies** **ladies**	Kirsche Baby Dame
Wenn das Wort auf -S, -SS, -CH, -SH oder auf -X endet und ein Konsonant vorangeht, wird die Pluralendung -ES ans Wort angehängt. Dasselbe gilt auch für viele Wörter, die auf -O enden.	bus glass peach flash box tomato	**buses** **glasses** **peaches** **flashes** **boxes** **tomatoes**	Bus Glas Pfirsich Blitz Box Tomate
Wenn das Wort auf -F oder -FE endet, wird bei einigen Wörtern das F zu V und die Pluralendung -ES ans Wort angehängt.	wolf wife	**wolves** **wives**	Wolf Frau

Und dann gibt es die ganz unregelmäßigen Pluralformen. Hier sind die wichtigsten.
MAN — MEN (Mann)
WOMAN — WOMEN (Frau)
CHILD — CHILDREN (Kind)
TOOTH — TEETH (Zahn)
FOOT — FEET (Fuß)
MOUSE — MICE (Maus)
FISH — FISH (Fisch)
SHEEP — SHEEP (Schaf)

So, und jetzt schauen wir, wo diese Pluralformen ganz wichtig sind.

ZÄHLBAR ODER NICHT?

Im Englischen kann man Substantive (*red words*) in zwei Kategorien einteilen:
1 **COUNTABLES**: Das sind Dinge, die man zählen, und denen man eine Zahl voranstellen kann. Zum Beispiel **egg** (Ei), **boy** (Junge), **carrot** (Karotte), **rabbit** (Kaninchen)... Um die Menge zu bestimmen genügt es, dem Substantiv eine Zahl voranzustellen; existiert von diesen Dingen mehr als eines, dann musst du den Plural bilden.
I have got two carrots. (Ich habe zwei Karotten.)
2 **UNCOUNTABLES**: Das sind Dinge, die man **nicht** zählen, und denen man keine Zahl voranstellen kann. Zum Beispiel **water** (Wasser), tea (Tee), **flour** (Mehl), **milk** (Milch)... Maßeinheiten hierfür können **a cup** (eine Tasse), **a spoon** (ein Löffel), **a litre** (ein Liter), **a glass** (ein Glas), etc. sein. *Uncountables* können grundsätzlich nicht im Plural stehen; die Maßeinheit hingegen schon.
Would you like a cup of tea? (Möchtest du gerne eine Tasse Tee?)
There are two glasses of water. (Es sind zwei Glas Wasser da.)

Hier siehst ein paar *uncountables*, die dir im Alltag nützlich sein können. Denk daran, dass für sie keine Pluralform existiert.
bread (Brot)
information (Information)

money (Geld)
news (Nachrichten)

SOME, ANY, NO

Möchtest du im Englischen eine kleine, aber unbestimmte Menge bezeichnen, im Sinne von "einige" bzw. "ein paar", dann verwendest du **SOME**. Es ist ein Adjektiv und steht vor dem Substantiv; wenn dieses Substantiv ein *countable* ist, muss du die Pluralform verwenden.
There is some coffee. (Es gibt Kaffee.)
There are some biscuits. (Es gibt einige Kekse.)
Du kannst *some* in Fragen verwenden, wenn du jemandem etwas anbietest oder um etwas bittest.
Would you like some water? (Möchtest du Wasser?)
Can I have some apples, please? (Kann ich bitte ein paar Äpfel haben?)

In Fragesätzen und verneinten Sätzen hat **ANY** dieselbe Bedeutung wie *some*.
Is there any coffee? (Gibt es Kaffee?)
There isn't any coffee. (Es ist kein Kaffee da.)
Ist das Substantiv, dem *any* vorangeht, ein *countable*, muss dieses im Plural stehen.
Are there any biscuits? (Gibt es Kekse?)
In Aussagesätzen wechselt *any* die Bedeutung und wird mit "irgendein(e)" bzw. mit "jede(r) beliebige" übersetzt.

Wenn du etwas komplett verneinen möchtest, gibt es schließlich noch **NO**. Es bedeutet "kein(e)" und wird ausschließlich in Aussagesätzen verwendet.
There is no coffee. (Es gibt keinen Kaffee.)
Kevin has got no hair. (Kevin hat keine Haare.)

HAIR bedeutet "Haar(e)" und steht im Englischen immer im Singular. Achte darauf, dass du nicht versehentlich den Plural verwendest.
Her hair is long and black. (Sie hat langes, schwarzes Haar)

Tatsächlich gibt es auch für *hair* eine Pluralform: **hairs** verwendet man, wenn es um einzelne Haare geht.
The hotel staff was friendly, but there were hairs in the showers. (Das Hotelpersonal war nett, aber es gab Haare in den Duschen.)

Hi, I'm John; I'm 31 and I'm from Birmingham. I have big blue eyes...

Jetzt darfst du dich mithilfe der neuen Vokabeln selbst beschreiben.

Hi,

ÜBUNG 12

Mischen wir jetzt ein wenig die Verben *be* und *have* – übersetze bitte diese Sätze:

- **JOBS** – Jobs, Stellen
- **RICH** – reich
- **LOTS OF** – viele
- **LUCKY** –
- **BRAIN** – Gehirn
- **CAKE SHOP** – Konditorei
- **FORTUNATE** – glücklich, Glück haben

1. Ich bin glücklich, weil (*because*) ich einen grünen Hut habe.

2. Sie ist dick, weil sie eine Konditorei hat.

3. Er ist traurig, weil er kein Geld hat.

4. Sie ist wütend, weil ihr Vater kein Auto hat.

....

5. Wir sind müde, aber glücklich, weil wir viele Aufträge (Jobs) haben.

....

6. Sie sind traurig, weil sie keine Karten für DJ Bobo haben.

....

7. DJ Bobo hat Glück, weil er viele Fans hat.

....

8. Die Hiltons sind sehr reich, weil sie viele Hotels haben.

....

9. Du bist dumm, weil du kein Hotel hast.

....

10. Ich bin glücklich, weil ich mit dir zusammen bin.

....

ÜBUNG 13

SHOPPING IN LONDON
Meine Frau Concy ist unglaublich. Wir haben beschlossen, ein Wochenende in London zu verbringen (ich sage jetzt zwar "wir haben beschlossen", aber tatsächlich habe ich nichts mehr beschlossen, seit ich sie kenne). Es sollte eigentlich ein Kurzurlaub sein – ein paar Tage abschalten; sie hat sich aber in der Wohnung verbarrikadiert, putzt seit drei Stunden, und ich bin im Zentrum von London, bei King's Cross. Sie hat mich zum Einkaufen geschickt. Ich betrete einen Obst- und Gemüseladen. Das Obst sieht frisch aus, und ich habe gerade gelernt, wie man *have got* anwendet – es kann also nichts schiefgehen.

HOW MANY
wie viele

*** **Part 1**
J = John
FIL = Frau im Laden

FIL: Sie haben 10 Minuten. ....

J: Haben Sie Bananen? ....

FIL: Ja. ....

J: Sind sie gelb? ....

FIL: Wollen Sie mich auf den Arm nehmen? Selbstverständlich sind sie gelb! Was meinen Sie?
J: Sie ist ernst, sie ist normal… also weiter so.
Geben Sie (*give me*) mir bitte zwei Bananen. ....

....

FIL: Möchten Sie auch eine Tüte?

[*John wirft einen Blick auf die Einkaufsliste, die Concy ihm gegeben hat*]
J: Nein danke, die ist nicht auf der Liste.
Geben Sie mir bitte ein paar Birnen. ....

FIL: Wie viele? ....

J: Wie viele haben Sie? ....

FIL: Zehn. ....

[*John ruft Concy an*]
C: Was gibt's?
J: Du hast nicht aufgeschrieben, wie viele Birnen du möchtest.

C: Ich habe jetzt schon gegessen. Nimm so viele du möchtest. Ich bin übrigens fertig mit Putzen und packe gerade den Koffer.

J: Schatz, Hauptsache du hast ein paar Tage ausgespannt. Concy? Hallo? Concyyy?

[*Concy hat den Hörer aufgelegt. John geht in den Laden zurück*]

*** * * Part 2**

FIL: Sie haben vier Minuten. ....

J: Nur vier Minuten?! ....

[*Das Telefon klingelt*]

J: Was gibt's?

C: Ich finde deinen grünen Pulli nirgends. Wo hast du ihn hingesteckt?

J: Wie viele Pullis hatte ich im Gepäck?

C: Drei.

J: Und wie viele siehst du?

C: Zwei. Einen roten und einen weißen.

J: Denkst du, ich laufe mit nacktem Oberkörper durch London?

C: Ach so. Dann muss ich dir noch etwas Wichtiges sagen.

J: War das denn gerade wichtig?!

C: Denk dran, dass die Läden um sechs Uhr schließen.

RUMMS! [*Der Rolladen im Geschäft wird geschlossen*]

BLOCK 5

FIVE

PLACES AND STUFF

ORTE UND ANDERE THEMEN

Tiere
Sehr
Really und die Adverben
Die Präpositionen *in, at, on*
Die Wochentage
Datum, Monate und Jahreszeiten
Das Haus und die Präpositionen
For **und** *to*
Präpositionen der Bewegung
Viel, viele
Im Schrank

BLOCK FIVE

PLACES AND STUFF

TIERE

I | HAVE | GOT | A | WHITE | CAT

pig = Schwein
monkey = Affe
bear = Bär
lion = Löwe
crocodile = Krokodil
camel = Kamel
shark = Hai
dolphin = Delphin
duck = Ente
cow = Kuh
chicken = Huhn
horse = Pferd
rabbit = Kaninchen
bee = Biene
goat = Ziege
bull = Stier
wolf = Wolf
sheep = Schaf (Achtung: Der Plural dieses Substantivs ist unregelmäßig. Es erhält im Plural kein **S**, sondern bleibt unverändert: *one sheep, two sheep*.)

ÜBUNG 14

Machen wir einen Besuch bei der Verwandtschaft auf dem Land! Vier Bauern - jeder mit eigenem Hof - lieben es, ihre Tage arbeitend und singend zu verbringen. Manchmal streiten sie sich, weil sie miteinander konkurrieren und jeder von ihnen immer der Beste sein möchte.

DON'T FORGET
vergiss nicht

INTELLIGENT
intelligent

THE SAME
der-/die-/dasselbe

Ingo (I), Georg (G), Stefan (S), Nick (N)

1. I: Hey! Ich habe zwei Ziegen und zwei Kühe. Und du?

   ....

2. G: Ich habe drei Schweine, fünf Stiere und einen neuen Hund. Und du?

   ....

3. S: Buuuh! Sie haben alte Tiere. Ich habe dreizehn Hühner und neunzehn Bienen.

   ....

4. N: Was? Ich habe siebzehn große Pferde und einen kleinen Affen ohne Bananen!

   ....

5. I: Hey! Vergiss nicht! Ich habe vierzehn Kamele, einschließlich meiner Frau.

   ....

6. G: Ja, aber ich habe eine Frau und ein Krokodil; sie haben beide das gleiche Maul.

   ....

7. S: Meine schwarzen Kaninchen sind schön, und meine Schafe sind so nett.

8. N: Nein, du hast keine schwarzen Kaninchen oder nette Schafe.

9. S: Warum?

10. N: Vielleicht weiß mein neuer Wolf Bescheid.

Vermutlich hast du gar nicht bemerkt, welch großes Stück Weg du bis hierher schon zurückgelegt hast. Das Schwierigste ist geschafft. Sollte dir auf deinem Weg etwas entgangen sein, dann ist das vollkommen normal – bleib also ganz ruhig. Fehlt dir etwas, solltest du an dieser Stelle allerdings umkehren, um es nachzuholen. Bald legen wir nämlich richtig los.

SEHR

Wie man mit **TOO** und **SO** Adjektive vestärken kann, hast du ja bereits gelernt.
You are so good! Du bist so gut – das hast du bereits gelernt!
But they are too easy now. Aber diese beiden (*to* und *so*) sind jetzt zu leicht; nehmen wir also zwei weitere Wörter dazu: **VERY** and **REALLY**.
VERY bedeutet "sehr", und darauf folgt ein Adjektiv.
REALLY vor einem Adjektiv macht dieses zu einem absoluten Superlativ.

Ich bin glücklich.	**I'm happy.**
Ich bin sehr glücklich.	**I'm very happy.**
Ich bin überglücklich.	**I'm really happy.**

Are you really happy too?

ÜBUNG 15

Übersetze bitte diesen Dialog zwischen Barbara und ihrer Freundin Christina. Die beiden begegnen sich auf der Straße und erkennen sich schon von Weitem. Dann bleiben sie abrupt stehen wie Hirsche, die bei Nacht die Straße überqueren, mustern sich gegenseitig mit offenem Mund und sagen:

1. B: Wow! Du bist wunderschön!

   ....

2. C: Du bist auch wunderschön!

   ....

(*Sie geben sich zwei Wangenküsse, smack smack*)

3. B: Na, wie geht's? Ach du meine Güte! (*oh my goodness*) Deine Tasche ist nagelneu! Ist sie von Praga?

   ....

4. C: Ja! Und sie ist auch sehr teuer (*expensive*).

   ....

5. B: Du hast richtig Glück! Schau dir jetzt meinen neuen Mantel (*coat*) an...

   ....

6. C: Er ist wunderschön.

   ....

7. B: Ja, er ist wunderschön, aber er ist zu groß.

   ....

8. C: Für dich nicht. Für mich ist er riesengroß, aber für dich ist er okay, denn du bist nicht so schlank...

9. B: Entschuldigung?

10. C: Er ist nicht zu groß für dich, er ist perfekt! (*perfect*)!

11. B: Ah! Christina, meine klitzekleine Freundin denkt, ich sei total dick.

12. C: Du bist zur Zeit sehr dick.

13. B: Ich bin nicht dick, ich bin schwanger (*pregnant*). Und der Vater ist dein Mann! Ha ha ha!

Not to be continued...

ANMERKUNG DES HERAUSGEBERS

Wir mischen uns selten in die Arbeit unserer Autoren ein. Aber diese Geschichte ist total lächerlich (*very ridiculous*, oder vielmehr *really ridiculous*!) und ehrlich gesagt haben wir ein wenig Angst vor einer Fortsetzung.

REALLY UND DIE ADVERBIEN

Are you ready? Are you **really** *ready?* Bist du wirklich bereit? *Really* bedeutet hier "wirklich, tatsächlich". Es ist ein Adverb - also ein Wort, das die Art und Weise einer Handlung beschreibt oder ein Adjektiv weiter definiert. Es setzt sich zusammen aus: **REAL** (echt, wirklich) **+ LY** = **REALLY**

Im Englischen gibt es Adverbien, die ganz einfach gebildet werden - so, wie ich es dir gerade am Beispiel *really* gezeigt habe: Durch Anhängen der Nachsilbe *-LY* wird aus einem Adjektiv ein ADVERB der Art und Weise, ein *yellow word*. Schau dir diese Beispiele an:
RARE (selten) **+ LY** = **RARELY**
USUAL (gewöhnlich) **+ LY** = **USUALLY**
SAD (traurig) **+ LY** = **SADLY**
CLEAR (klar) **+ LY** = **CLEARLY**
SLOW (langsam) **+ LY** = **SLOWLY**

DIE PRÄPOSITIONEN AT, IN, ON

AT IN ON

Treten wir jetzt ein ins Reich der Präpositionen - sie sind gewissermaßen der "Leim" der englischen Sprache. Auf unserem bisherigen Weg sind wir schon ab und zu auf Präpositionen gestoßen. Jetzt sehen wir sie uns genauer an - sie sind nämlich sehr wichtig. Für den Anfang habe ich drei ausgewählt:
AT — IN — ON zur Bestimmung eines Orts, im Englischen **a place**.
Worin liegen die Unterschiede zwischen diesen dreien?

AT bezeichnet einen Fixpunkt, den genauen Ort, an dem sich eine Person oder eine Sache befindet.
Concy is at the supermarket. (Concy ist im Supermarkt)

IN gibt an, dass etwas oder jemand sich im Innern eines geschlossenen, umgrenzten Raumes befindet.
Concy is in the bathroom. (Concy ist im Bad.) Sie befindet sich in einem klar umgrenzten Raum und verbringt dort Stunde um Stunde.

ON gibt an, dass sich ein Gegenstand oder eine Person auf etwas befindet – dieses berührt.
I'm on my bed. (Ich bin auf meinem Bett.) In dem Sinne, dass ich auf dem Bett liege oder sitze, und dass ich dieses berühre.

ÜBUNG 16

Jetzt schenke ich dir jede Menge Wörter, mit denen du die folgenden Sätze übersetzen kannst:

- **ENTRANCE** – Eingang
- **ON THE ROAD TO** – auf dem Weg nach
- **STATION** – Bahnhof
- **STATUE** – Statue
- **STREET** – Straße
- **GHOST** – Gespenst
- **CENTRE** – Zentrum
- **HOUSE** – Haus
- **APARTMENT** – Wohnung

1. Er ist in der Bar mit Lisa.

....

2. Ich bin am Bahnhofseingang.

....

3. Mein Ketchup ist auf dem Tisch.

....

4. Er wohnt in diesem Stockwerk.

....

5. Eine verrückte Frau ist in Bob' s Wohnung.

....

6. Ich bin jetzt im Auto auf dem Weg nach Berlin.

....

7. In diesem Haus ist ein Gespenst auf dem Bett.

....

8. Er ist im Kino am Ende der Straße.

....

9. Im Zentrum Kölns steht eine Statue am Ende der Straße.

....

Wir fahren fort mit denselben Präpositionen, nämlich
AT — IN — ON, um eine Zeit - im Englischen **time** - zu bestimmen.

AT gibt eine genaue Uhrzeit an: *at noon* (zu Mittag), *at lunchtime* (in der Mittagszeit), *at dinner time* (zur Abendbrotzeit), u.s.w.
Linda wakes up at 11 o' clock. (Linda wacht um 11 Uhr auf.)
Stella is at work at 3 o' clock . (Stella ist um 3 Uhr bei der Arbeit.)
Concy gets up at lunchtime. (Concy steht um die Mittagszeit auf.)

ON gibt ein Datum oder einen Tag an, was eigentlich dasselbe ist - ein Datum entspricht ja einem bestimmten Tag. Zum Beispiel: *on Monday* (Montag), *on my birthday* (Geburtstag), *on Wednesday evening* (Mittwochabend), *on the 25th December or on Christmas day* (am Weihnachtstag). Ich verrate dir jetzt einen Trick, wie du dir merken kannst, dass du für den Tag **ON** brauchst: Denk an deinen Zeigefinger; mit ihm zeigst du auf (*on*) dem Kalender auf (*on*) den Tag, der dich interessiert.

On Sundays I watch the game. (Sonntags schaue ich das Spiel an.)
Für "sonntags" sagst du im Englischen *on Sundays*. Durch Anhängen eines **S** ans Ende des Wochentages funktioniert das wie im Deutschen bei allen Wochentagen so.

DIE WOCHENTAGE

Here are the **days of the week**: die Wochentage. Auch im Englischen beginnen Wochentage und Monatsnamen immer mit einem Großbuchstaben.

Montag	**Monday**
Dienstag	**Tuesday**
Mittwoch	**Wednesday**
Donnerstag	**Thursdsay**
Freitag	**Friday**
Samstag	**Saturday**
Sonntag	**Sunday**

IN Ein unfehlbarer Trick: Wenn der Zeitpunkt, den du angeben möchtest, nicht eine genaue Uhrzeit (für die du *at* verwendest) oder ein Tag (für den du *on* benötigst) ist, nimmst du auf jeden Fall **IN**. Du brauchst es, um *in the morning* (am Morgen), *in the week* (in der Woche), *in the month* (im Monat), *in the year* (im Jahr), *in the century* (im Jahrhundert), *in 1999, in the past* (in der Vergangenheit), *in the future* (in der Zukunft) zu sagen – also für alles andere.

In the summertime I go to the mountains with my friends. (Im Sommer gehe ich mit meinen Freunden in die Berge.)
Rosy has her breakfast in the morning. (Rosy frühstückt morgens.)
We are in 2016. (Wir befinden uns im Jahr 2015.)
Merk dir bitte noch folgendes: Wörter wie *night, midnight, midday* oder *the weekend* benötigen **AT,** nicht *IN*, und weißt du warum? Weil wir Engländer es ab und zu kompliziert mögen... Weshalb das so ist, weiß kein Mensch.

ACHTUNG! Jetzt erkläre ich dir den Unterschied zwischen **STILL** und **AGAIN**. *Still* bedeutet "(immer) noch", *again* "noch einmal".
STILL bezeichnet etwas, das ohne Unterbrechung andauert.
She is still here. (Sie ist immer noch hier.) Sie ist nicht weggegangen, um dann wiederzukommen. Sie ist immer dagewesen.
AGAIN gibt an, dass sich etwas wiederholt.
Kiss me again! (Küss mich noch einmal!)

ÜBUNG 17

Schauen wir, ob du verstanden hast, wie diese drei Präpositionen der Zeit verwendet werden.

1. Um zwei Uhr nachmittags schlafe ich.

   ....

2. Zur Abendbrotzeit bin ich todmüde und wahnsinnig hungrig.

   ....

3. Zur Schlafenszeit (*bedtime*) liest (*reads*) Concy ein Buch im Bett.

   ....

4. An meinem Geburtstag mache ich immer eine Party.

   ....

5. Samstags gehe ich (*go*) mit meinem Hund in den Park (*to the park*).

   ....

6. Ich wasche meine Füße immer (*always wash*) sonntags.

....

7. Wir befinden uns im 21. Jahrhundert, aber Concy lebt immer noch in ihrer Welt (*world*) voller Prinzen (*princes*), Frösche und Pferde. Sie lebt in der Vergangenheit.

....

8. Es ist gerade Fashion Week in Berlin, und Concy ist überglücklich. Ich bin deprimiert (*depressed*).

....

9. Sie ist immer noch im Auto.

....

DATUM, MONATE UND JAHRESZEITEN

Wenn du ein Datum sagen möchtest, tust du das in der Langform. Ich zeige es dir am Beispiel meines Geburtsdatums. Du wirst sehen, dass ich dabei alle Präpositionen verwende, die wir uns gerade zusammen angeschaut haben. Vorab solltest du wissen, dass es im Englischen nur eine Möglichkeit gibt, um das Geburtsdatum zu vermitteln: **I was born**.
Es heißt also:
I was born ON the 27th (tewnty-seventh) of February IN 1980 AT 6 IN the morning.
(Ich bin am 27. Februar 1980 um 6 Uhr morgens geboren.)

ANMERKUNG DES HERAUSGEBERS

Der Verlag übernimmt keinerlei Verantwortung für die wiederholten unwahren Angaben des Autors zu seiner Person.

27th heißt der siebenundzwanzigste Tag – es ist eine Ordnungszahl.

Jetzt bist du an der Reihe, dein Geburtsdatum zu nennen. Ich hätte es gerne ganz genau: Tag, Monat, Jahr, Uhrzeit und Tageszeit. Und vor allem: Verwende die Präpositionen!

Die Ordnungszahlen sind:

FIRST (1ST) = erste(r, s)
SECOND (2ND) = zweite(r, s)
THIRD (3RD) = dritte(r, s)
FOURTH (4TH) = 4.
FIFTH (5TH) = 5.
SIXTH (6TH) = 6.
SEVENTH (7TH) = 7.
EIGHTH (8TH) = 8.
NINTH (9TH) = 9.
TENTH (10TH) = 10.
ELEVENTH (11TH) = 11.
TWELFTH (12TH) = 12.
THIRTEENTH (13TH) = 13.
FOURTEENTH (14TH) = 14.
FIFTEENTH (15TH) = 15.
SIXTEENTH (16TH) = 16.

SEVENTEENTH (17TH) = 17.
EIGHTEENTH (18TH) = 18.
NINETEENTH (19TH) = 19.
TWENTIETH (20TH) = 20.
TWENTY-FIRST (21ST) = 21.
TWENTY-SECOND (22ND) = 22.
TWENTY-THIRD (23RD) = 23.
TWENTY-FOURTH (24TH) = 24.
und so weiter.

Ich bin geboren am *Tag* *Monat* *Jahr* *Uhrzeit* *Tageszeit*

Jetzt versuche bitte, die Geburtsdaten dreier weiterer Personen aufzuschreiben, auch wenn du nicht weißt, um welche Uhrzeit sie geboren wurden. Stell dir vor, als ich meine Mutter nach der Uhrzeit meiner Geburt fragte, antwortete sie: "*Are you crazy*? Ich lag auf dem Bett, ein Arzt hielt das eine Bein, dein Vater das andere, ich schwitzte wie ein Ochse, und – wenn es nach dir ginge – hätte ich auch noch auf die Uhr schauen sollen?!"
Wenn du die Uhrzeit nicht weißt, denk sie dir aus; ich bin mir sicher, du hast eine gute Phantasie.

Friend: ....

Relative (Verwandter): ....

Someone else: ....
(jemand anders)

Ach so, ich habe dir ja noch gar nicht alle Monate, Jahreszeiten und Tageszeiten auf Englisch genannt. *Let's go*!

Here are the MONTHS of the YEAR. (Das sind die Monate.)
January
February
March
April
May
June
July
August
September
October
November
December

Here are the SEASONS of the YEAR. (Das sind die Jahreszeiten.)
spring = Frühling
summer = Sommer
autumn = Herbst
winter = Winter

And the MOMENTS of the DAY. (Und die Tageszeiten.)
morning = Morgen, Vormittag
afternoon = Nachmittag
evening = Abend
night = Nacht

DAS HAUS UND DIE PRÄPOSITIONEN

I'M LOCKED OUT OF MY HOUSE

Ich bin aus meinem Haus ausgesperrt (*locked out of*)!
Okay – ich gebe es zu: Manchmal suche ich ein bisschen Frieden und verstecke mich vor Concy an den unmöglichsten Stellen im Haus. Einmal war sie ziemlich wütend und hat mich ausgesperrt.
Out of ist eine Präposition des Orts. Es gibt noch viele weitere – hier sind die wichtigsten:

UNTER **UNDER**

NEBEN **BESIDE**

ZWISCHEN (zwei Dingen) **BETWEEN**

ZWISCHEN, UNTER (mehr als zwei Dingen) **AMONG**

HINTER **BEHIND**

VOR **IN FRONT OF**

BEI, AN **BY**

Das ist ein *schizo word*! Die wichtigsten Bedeutungen sind:

- bei und an; Synonyme hierfür sind **CLOSE TO** und **NEAR** (in der Nähe von).

There are two women by the fire. It's very dangerous.
(Zwei Frauen stehen beim Feuer. Es ist sehr gefährlich.)

- von; z. B. in den Wendungen "geschrieben von", "verfasst von".

I love that book by Ken Follett and that film by Stephen King.
(Ich liebe dieses Buch von Ken Follett und jenen Film von Stephen King.)

- bis, bis spätestens.

I'll finish my homework by 10 p.m. (Ich werde mit meinen Hausaufgaben bis 22 Uhr fertig sein.)

• mit, per (bezogen auf ein Transportmittel).
I go to work by bus. (Ich fahre mit dem Bus zur Arbeit.)

ACHTUNG!
Ich habe das Wort *close* erwähnt; je nach Aussprache ändert es seine Bedeutung.

ist ein Adjektiv und bedeutet “nah(e)”.

ist ein Verb und bedeutet “schließen”.

Mit dieser Szene kannst du dir die Aussprache merken: Ich schließe die Tür, weil dort draußen eine Fliege ist (*close* = schließen). Oh nein! Eine Schlange ist in meiner Nähe (*close* = nah)!

ÜBUNG 18

Möchtest du wissen, warum ich ausgesperrt wurde? Dann lies und übersetze bitte diese Sätze. Wie immer schenke ich dir die unbekannten Wörter.

MIND
Verstand

KITCHEN
Küche

BEDROOM
Schlafzimmer

PHOTO
Foto

CURTAINS
Vorhänge

STUFFED ANIMALS
Plüschtiere

1. Oh nein! Ich bin aus meinem Haus ausgesperrt. Das ist normal in meinem verrückten Haus.

2. Warum bin ich hier? Weil Concy den Verstand verloren hat (*is out of her mind*).

3. Ich war (*I was*) mit unserem Hund unter dem Tisch in der Küche.

4. Meine Mutter in England schläft in ihrem Schlafzimmer, und ihre Katze schläft unter ihrem Bett.

5. Ich schlafe immer in meinem Schlafzimmer, und mein Hund schläft auf meinem Bett.

6. Neben meinem Bett ist ein Foto von dir.

7. Unter meinen Plüschtieren gibt es ein Kamel und einen Hai.

8. Concy ist jetzt in meinem Büro, und ich bin hinter den Vorhängen.

9. Concy ist jetzt vor den Vorhängen.

10. Concy ist jetzt vor mir.

FOR UND TO

Einen kurzen Absatz widme ich den Präpositionen FOR und TO. Beide drücken einen Zweck aus. Schau dir an, wie man *for* und *to* verwendet:

I go to the pub for the beer. (Ich gehe des Bieres wegen ins Pub.)
FOR + SUBSTANTIV

I go to the pub to have fun. (Ich gehe ins Pub, um Spaß zu haben.)
TO + VERB

ÜBUNG 19

Versuche jetzt bitte, diese Sätze zu übersetzen und achte darauf, dass du *for* und *to* richtig verwendest!

1. Du gehst in die Schule (*to school*), um zu lernen (*learn*).

   ....

2. Er geht in den Urlaub (*on holiday*), um zu entspannen (*relax*).

   ....

3. Er geht ins Restaurant (*to the restaurant*), um zu essen.

   ....

4. Sie geht des Obers (*waiter*) wegen ins Restaurant.

   ....

5. Ich gehe nach Sardinien (*Sardinia*) des Meeres (*sea*) wegen.

   ....

6. Sie gehen nach London, um die Königin (*Queen*) zu sehen (*see*).

   ....

7. We go to London for the food.

....

8. Er geht in den Park (*park*) seines Hundes wegen.

....

9. Ich gehe in den Park, um zu schlafen (*sleep*).

....

10. Sie geht seinetwegen dorthin, er geht dorthin, um mit ihr zusammenzusein.

....

Und jetzt machen wir ein Spiel!

ÜBUNG 20

Where is the monkey?

Wie ich dir bereits erzählt habe, verstecke ich mich manchmal zu Hause...
Du darfst Concy helfen, mich zu finden.
Zuerst musst du allerdings den Raum und die Gegenstände, die du siehst, beschreiben, dann kannst du ihr sagen, wo ich mich verstecke. Dabei verwendest du selbstverständlich die richtige Präposition. Pass aber auf, ich verstecke mich nicht immer alleine...
In my house there are many rooms (Zimmer).

bedroom = Schlafzimmer
bathroom = Bad
living room = das Wohnzimmer
kitschen = die Küche
garden = der Garten

BEDROOM

IN THE BEDROOM THERE IS: ONE BIG BED, ONE RUG ON THE FLOOR AND ONE LAMP. WHERE IS JOHN? JOHN IS UNDER THE RUG AND THE MONKEY IS IN THE WARDROBE.

BATHROOM

LIVING ROOM
WINDOW
TV
COFFEE TABLE
SOFA

KITCHEN
TABLE
CHAIR
SINK
OVEN

GARDEN

PRÄPOSITIONEN DER BEWEGUNG

Wenn du im Englischen über *motion* (Bewegung) redest, ist es wichtig, dass du die richtigen Präpositionen verwendest.

TO bedeutet "zu". Man benutzt es, um eine Bewegung in Richtung eines Ortes auszudrücken.
I go to work on foot. (Ich gehe zu Fuß zur Arbeit.)
I go to bed on foot. (Ich gehe zu Fuß ins Bett.)
I go to the market on foot. I haven't got a car. (Ich gehe zu Fuß zum Markt. Ich habe kein Auto.)

FROM bedeutet "von, aus". Man verwendet es, wenn eine Bewegung weg von einem Ort geht.
I come from Birmingham. (Ich komme aus Birmingham.)
I come back from work. (Ich komme von der Arbeit.)
I come back from the park. (Ich komme aus dem Park zurück.)
Erinnerst du dich an das *gold word* **from**?

INTO = IN + TO verwendet man für eine Bewegung von draußen nach drinnen.
I go into the kitchen to get some food. (Ich gehe in die Küche, um mir etwas zum Essen zu holen.)
I drive my car into the garage. (Ich fahre mein Auto in die Garage.)
Concy drives my car into the wall. (Concy fährt mein Auto in eine Mauer.)

ONTO = ON+TO verwendet man für eine Bewegung auf etwas hinauf.
My dog jumps onto my bed. (Mein Hund springt auf mein Bett.)
Her cat jumps onto my bed. (Ihre Katze springt auf mein Bett.)
All animals jump onto my bed. (Alle Tiere springen auf mein Bett.)

ÜBUNG 21

Wir kommen jetzt zu einer ausführlichen Übersetzungsübung mit allen Präpositionen der Bewegung. Wiederhole sie nochmals und mach dich startklar... *let's go!*

Fehlende Wörter findest du mit Sicherheit in dieser Liste:
take ((mit)nehmen), **beach** (Strand), **every day** (jeden Tag), **flight** (Flug), **arrive** (ankommen), **run away** (weglaufen), **can see** (sehen können), **submarine** (U-Boot), **put** (geben), **salt** (Salz), **try** (versuchen), **boat** (Boot), **climb** (klettern), **need** (brauchen).

1. Montags gehe ich zum Markt.

   ....

2. Ich gehe mit meinem Papa ins Kino.

   ....

3. Sonntags nehme ich meinen Hund in den Park mit.

   ....

4. Dienstags geht meine Mama ohne mich zum Markt.

   ....

5. Im Sommer gehe ich mit meinem Freund an den Strand.

   ....

6. Sie kommt jeden Tag um acht Uhr abends von der Arbeit zurück.

   ....

7. Der Flug aus Santo Domingo kommt um zwei Uhr nachmittags an.

   ....

8. Ich laufe jeden Mittwoch von zu Hause (*home*) weg.

   ....

9. Elton John kommt aus London.

10. Peter's Sohn kommt um vier Uhr nachmittags von der Schule zurück.

11. Ich kann von meinem Fenster aus das Meer sehen.

12. Er geht in die Bar, um etwas zu trinken.

13. Ich möchte ins gelbe U-Boot hineingehen.

14. Concy gibt morgens etwas Salz in meinen Kaffee.

15. Concys Mama kommt zu mir nach Hause, wenn ich nicht da bin.

16. Du springst aufs Boot und ich habe Angst.

17. Ich versuche, aufs Bett zu klettern.

18. Er muss auf den Stuhl klettern, um sie zu küssen.

19. Es fiel (*fell*) auf den Balkon.

20. Sie legt den Teppich auf den Boden.

VIEL, VIELE

Die Wörter **MUCH**, **MANY** und **A LOT OF** sind die Übersetzung für "viel" und "viele". Ich zeige dir, wie du sie anwendest.

MUCH bedeutet "viel" und wird in Fragesätzen und verneinten Sätzen zusammen mit Substantiven verwendet, die zu den *uncountables* gehören. Erinnerst du dich? Das sind die Substantive, die man nicht zählen kann.
Zum Beispiel, eines Tages habe ich Concy in ein Einkaufszentrum begleitet...

Concy: **This place is fantastic! Come on! We haven't got much time!**
(Das ist ein phantastischer Ort! Komm jetzt! Wir haben nicht viel Zeit!)

John: **No, there isn't much time. Let's go home!**
(Nein, es bleibt nicht viel Zeit. Lass uns nach Hause gehen.)

MANY bedeutet "viele" und wird in verneinten Sätzen und Fragesätzen zusammen mit Substantiven verwendet, die zu den *countables* - den zählbaren - gehören.
Ein anderes Mal hat Concy mich besucht.

Concy: **Are there many women in your office?**
(Gibt es in deinem Büro viele Frauen?)

John: **No, there aren't. Just you.**
(Nein. Nur du.)

A LOT OF bedeutet "viel", "viele" und wird in bejahten Sätzen sowohl zusammen mit *countables* als auch mit *uncountables* verwendet. **LOTS OF** ist im Prinzip dasselbe, aber etwas formeller. Ich verwende lieber *a lot of*.

Concy makes a lot of soup. (*uncountable*)
(Concy kocht viel Suppe.)

Concy has a lot of shoes. (*countable*)
(Concy hat viele Schuhe.)

She has a lot of money. (Sie hat viel Geld.)

There is too much salt in my coffee!
Es ist zu viel Salz in meinem Kaffee. Concy macht alles falsch...

Erinnerst du dich noch an das *schizo word* **TOO** ? Eine seiner Bedeutungen ist “zu”. Du kannst es mit den Wörtern, die du gerade gelernt hast, kombinieren. Das geht so:

TOO MUCH: bedeutet ZU VIEL und wird vor *uncountables* verwendet.
Don’t put too much cheese in my sandwich. (Leg nicht zu viel Käse auf mein belegtes Brötchen.)
She puts too much make up on her face. (Sie trägt zu viel Make-up im Gesicht auf.)
There is too much rubbish on my balcony. (Auf meinem Balkon ist zu viel Müll.)

TOO MANY: bedeutet ZU VIELE und wird vor *countables* im Plural verwendet.
Liz Taylor has too many ex-husbands. (Liz Taylor hat zu viele Ex-Männer.)
Don’t give him too many beers. (Gib ihm nicht zu viele Biere.)
There are too many people in the lift. (Im Aufzug sind zu viele Menschen.)

Vor Kurzem haben wir uns verschiedene Räume und Einrichtungsgegenstände angeschaut. Im Englischen gibt es für “Haus” zwei Wörter: **HOME** und **HOUSE**. Kennst du den Unterschied?
Home ist das Haus, das dir am Herzen liegt - dein Zuhause bzw. deine Heimat... “*home sweet home*” (Heim, trautes Heim). **House** bezieht sich dagegen auf das Gebäude, den Ort, an dem du wohnst.
My house is big. (Mein Haus ist groß.)
Germany is my home. (Deutschland ist meine Heimat.)
I go home. (Ich gehe nach Hause.)
ACHTUNG! Vor *home* steht niemals eine Präposition.

IM SCHRANK

Eines Tages stand Concy vor ihrem Kleiderschrank und schrie: “I haven’t got enough clothes!!!”. (Ich habe nicht genügend Kleider!!!)
Also bin ich zu ihr ins Zimmer gegangen und habe nachgeschaut...

DRESS = Kleid
SKIRT = Rock
BLOUSE = Bluse
NIGHTDRESS = Nachthemd
PYJAMAS = Pyjama
KNICKERS = (Damen)Schlüpfer
BRA = BH
TIGHTS = Strumpfhose
SOCKS = Strümpfe
TROUSERS = Hose
SHIRT = Hemd
T-SHIRT = T-Shirt
JACKET = Jacke
SHORTS = kurze Hose
TRACKSUIT = Trainingsanzug
JUMPER = Pullover
TIE = Krawatte
BRACES = Hosenträger
BELT = Gürtel
GLOVES = Handschuhe
SCARF = Schal
COAT = Mantel
RAINCOAT = Regenmantel
CAP = Mütze
HAT = Hut
SLIPPERS = Hausschuhe
SHOES = Shuhe
SANDALS = Sandalen
BOOTS = Stiefel
HIGH HEELED SHOES = hochhackige Schuhe
TRAINERS = Turnschuhe

Frauenkleider gibt es nie genug. **They are never enough**.

NOT ENOUGH = nicht genug (Gegenteil von “zu viel”).
It’s really easy. Lediglich der Standpunkt ändert sich.
I think there are too many clothes in her wardrobe.
(Ich denke, in ihrem Kleiderschrank sind zu viele Kleider.)

She thinks there are not enough clothes in her wardrobe.
(Sie denkt, in ihrem Kleiderschrank sind nicht genug Kleider.)
There is too much stuff. (Es ist zu viel Zeug da.)
There isn't enough stuff. (Es ist nicht genug Zeug da.)
STUFF ist ein ganz wichtiges Wort... zu Deutsch: "Zeug".
Jetzt habe ich für dich noch zwei Verben, die du im Zusammenhang mit Kleidung brauchen kannst:
TO PUT ON = anziehen.
I put my shirt on. (Ich ziehe mein Hemd an.)
TO TAKE OFF = ausziehen.
I take my shoes off. (Ich ziehe meine Schuhe aus.)

ÜBUNG 22

Was du jetzt tun sollst, weißt du, oder?

1. Ich habe zu viel freie (*free*) Zeit.

    ....

2. Ich öffne das Fenster, es ist zu heiß hier drinnen (*in here*).

    ....

3. Zu viele Menschen leben in diesem Haus.

    ....

4. Sic trinkt zu viel Whisky.

    ....

5. Es ist zu viel Salz in meiner Suppe.

    ....

6. Ich bin zu beschäftigt (*busy*), um dich heute oder an irgendeinem anderen Tag zu treffen, tut mir leid.

    ....

7. Ich bin zu müde, um heute morgen aufzustehen (*to get out of bed*).

8. Heute (*today*) sind zu viele Bienen im Park.

9. Du bist zu groß!

10. Ich bin zu spät dran (*late*), um dorthin zu gehen.

ÜBUNG 23

Und noch eine letzte Übung!

1. Um neun Uhr vormittags steht Concy vor ihrem (*her*) Kleiderschrank.

2. Dann *(then)* zieht sie ihre (*her*) rote Bluse und ihren schwarzen Rock an.

3. Dann zieht sie ihre Schuhe aus und zieht mein (*my*) gelbes T-Shirt an.

4. Dann zieht sie den Rock aus und zieht meine grüne Hose an.

5. Dann zieht sie meine Turnschuhe an und zieht mein gelbes T-Shirt aus.

6. Dann zieht sie meinen neuen Mantel mit ihrer alten Tasche an.

7. Um zehn steht Concy im Bad vor dem Spiegel (*mirror*).

8. Dann zieht sie den Mantel und die Tasche aus und zieht ihre rosa Jacke an.

9. Dann zieht sie meine Schuhe aus und zieht ihre orangefarbenen Stiefel an.

10. Um 10.30 nimmt Concy ihre Brieftasche (*wallet*).

BLOCK 6

SIX

To GET

ZUSTANDSWECHSEL

Zustandswechsel
To get to
Alles und nichts
Time indicators
Die Possessivpronomen

BLOCK SIX

TO GET

ZUSTANDSWECHSEL

GET ist ein ganz wichtiges Verb im Englischen – ein wahrer Tausendsassa...

Es bezeichnet vor allem den Wechsel eines Zustandes – das ist so wie bei einer Wippe. Zum Beispiel:
I GET ANGRY = Ich werde wütend. Ich war zuvor gut gelaunt und bin jetzt wütend.
I GET WET = Ich werde nass. Ich war zuvor trocken und bin jetzt nass.
TO GET MARRIED = heiraten. Ich war zuvor glücklich und bin jetzt der Dumme.

Siehst du, wie dich die Wippe *get* von einem Zustand in einen anderen versetzt?
Get ist ein Basisverb im Englischen, weil im Leben alles ständig im Wechsel begriffen ist. Wenn etwas oder jemand von einem Zustand in einen anderen übergeht, liegst du mit *get* immer richtig.

Kommen wir zurück zu **WHEN**, dessen Bedeutung als Konjunktion "wenn" du bereits kennst. Es kann übrigens auch als *question word* dienen – in diesem Fall übersetzt man es mit "wann".

? **WHEN** ?

When Concy is here with me, I'm happy!
(Wenn Concy hier bei mir ist, bin ich glücklich!)
When is she here? (Wann ist sie hier?)

Ich schenke dir jetzt einige Verben, die du für die folgende Übung benötigst:

SHOUT = schreien

SEE = sehen

CRY = weinen

TALK = reden

WORK = arbeiten

DANCE = tanzen

SING = singen

EAT = essen

DRINK = trinken

DRIVE = (Auto) fahren

Und hier noch einige *orange words*. Du brauchst sie nicht alle für die Übung, aber es ist gut, wenn du sie kennst.

reich = **RICH**

schläfrig = **SLEEPY**

durstig = **THIRSTY**

gestresst = **STRESSED**

richtig = **RIGHT**

falsch = **WRONG**

ÜBUNG 24

Übersetze bitte diese Sätze. Verwende dabei das Verb *get* für den Wechsel eines Zustandes und die *green words*, die ich dir gerade geschenkt habe. *Go!*

1. Ich werde wütend, wenn du schreist.

2. Ich werde schüchtern, wenn ich dich sehe.

3. Ich werde traurig, wenn du weinst.

4. Mir wird langweilig, wenn du redest.

5. Ich werde müde, wenn ich arbeite.

6. Ich tanze und singe, wenn ich mich besaufe.

7. Ich werde reich, wenn du arbeitest.

8. Wenn ich hungrig werde, esse ich.

9. Wenn ich durstig werde, trinke ich.

10. Ich gerate in Stress, wenn ich in Berlin Auto fahre.

Die Antworten findest du wie immer am Ende des Buches... Aber nicht spicken!

Die Situationen, die wir uns bisher angeschaut haben, betrafen immer die erste Person. Was ist aber, wenn es um eine andere Person geht? Ganz einfach - du hängst ein **S** ans Ende des Verbes, aber nur in der dritten Person Singular (*he, she, it*). Bei allen anderen Personen (*I, you, we, they*) ändert sich nichts: Zum Beispiel:
GET — **GETS**
WALK — **WALKS**
DRINK — **DRINKS**
SING — **SINGS**

Hier siehst du, was sich im Satz ändert:
I get tired when I walk. (Ich werde müde, wenn ich gehe.)
She gets tired when she walks. (Sie wird müde, wenn sie geht.)
When I drink whisky, I get drunk and sing. (Wenn ich Whisky trinke, werde ich betrunken und singe.)
When he drinks whisky, he gets drunk and sings.
(Wenn er Whisky trinkt, wird er betrunken und singt.)
When they drink whisky, they get drunk and she gets angry.
(Wenn sie Whisky trinken, werden sie betrunken und sie wird wütend.)

Hast du gesehen, dass das **S** nur in der dritten Person Singular dem Verb angehängt wird? Für die folgende Übung brauchst du auch **both** (für zwei Personen) und **all** (alle) - die beiden kennst du ja bereits aus *Block 2*.

SILLY
dumm

ÜBUNG 25

Übersetze jetzt bitte diese Sätze. Achte dabei auf die dritte Person Singular.

1. Sie wird schläfrig, wenn sie trinkt.

2. Wir werden wütend, wenn wir hungrig sind.

3. Ich betrinke mich mit euch beiden.

4. Er betrinkt sich mit euch allen.

5. Sie werden dumm, wenn sie mit dir trinken.

TO GET TO

Get bedeutet auch "erreichen, an einen Ort gelangen", wenn die Präposition **TO** folgt: **GET TO** impliziert also eine Bewegung. Und so wird der Satz gebildet:

I get to work before 7:00 a.m. (Ich gehe vor 7:00 Uhr zur Arbeit.)
She gets to school on foot. (Sie kommt zu Fuß zur Schule.)

ÜBUNG 26

Mit der folgenden Übersetzung kannst du dein Wissen auf den Prüfstand stellen. Denk daran, **get to** zu verwenden. *Ready? Let's go.*

1. Es gibt zu viel Schnee (*snow*), mein Sohn kann nicht (*can't*) zur Schule kommen.

2. Luis kommt immer (*always*) zu spät (*late*) zur Arbeit.

3. Luis kommt immer früh (*early*) ins Pub.

4. Paul kommt immer mit dem Bus zur Arbeit.

5. Leonie kann heute nicht zur Arbeit kommen.

6. Heute kann ich nicht ins Fitnessstudio (*the gym*) gehen, weil es regnet.

7. Sie kommt immer zu spät zu mir.

8. Paul kommt immer rechtzeitig (*on time*) ins Stadion (*stadium*).

9. Ich schaffe es nie (*never*) rechtzeitig ans Telefon (*phone*).

10. Ich gehe immer zu Fuß ins Zentrum (*to the centre*).

Schauen wir uns jetzt ein neues *schizo word* an: **PLAY**
Es hat viele Bedeutungen und wird meistens als Verb verwendet:
play = eine Sportart/ein Spiel spielen.
I play football on Mondays. (Montags spiele ich Fußball.)
Play = ein Instrument spielen.
You play the guitar very well! (Du spielst sehr gut Gitarre!)

Play ist außerdem auch ein Substantiv.
play = Theaterstück.
Let's go to the theatre; that play is wonderful! (Lass uns ins Theater gehen; dieses Stück ist wunderbar!)

ALLES UND NICHTS

Anybody, everybody, anything, nothing, everywhere, usw. sind Wörter, die alles und nichts sagen; sie sind sehr nützlich und werden häufig verwendet. Meine Schüler fragen mich oft, was sie bedeuten, und wie man sie einsetzt. Man hat den Eindruck, dass sie alle gleich und dennoch unterschiedlich sind. Hier lernst du, worin sie sich unterscheiden - dann ist es einfacher. Wir teilen diese Wörter zunächst danach ein, ob wir von **PERSONEN**, **DINGEN** oder **ORTEN** sprechen.

PEOPLE — Personen

SOMEONE oder **SOMEBODY**	**ANYONE** oder **ANYBODY**	**NO-ONE** oder **NOBODY**	**EVERYONE** oder **EVERYBODY**
jemand, eine Person (man weiß nicht, wer)	jemand? niemand (im ver- neinten Satz).	niemand, keiner	alle, jeder einzelne

There is someone / somebody. (Da ist jemand. Wer ist es? Keine Ahnung!)
Is there anyone / anybody? (Ist da jemand? Keiner antwortet...)
There isn't anyone / anybody. (Es ist keiner da. Zum Glück.)
No-one is here. (Keiner ist da. Ich habe es verstanden.)
There is nobody. (Es ist niemand da. Schon wieder?! Ich habe es kapiert!!!)
Everybody is here. (Alle sind da. Muss ich mir Sorgen machen?)
Is everyone / everybody there? (Sind alle da? Wer, um Himmels willen, sind alle?)

THINGS — Dinge

SOMETHING	**ANYTHING**	**NOTHING**	**EVERYTHING**
etwas, aber man weiß nicht genau, was.	etwas? nichts	nichts	alles

There is something here. (Hier ist etwas. Großes Geheimnis...)
Have you got anything for me? (Hast du etwas für mich? Keine Ursache!)
I don't see anything. (Ich sehe nichts. Verdammtes Guinness!)
I have nothing. (Ich besitze nichts. Ich hatte keine Zweifel.)
He has everything. (Er hat alles. Nur keine Persönlichkeit.)

PLACES — Orte

SOMEWHERE	ANYWHERE	NOWHERE	EVERYWHERE
irgendwo, an irgendeinem Ort (man weiß nicht, wo)	überall, irgendwo	nirgendwo	überall

He's somewhere. (Er ist irgendwo. Sei bitte ein bisschen genauer...)
He's everywhere. (Er ist überall. Ich gebe auf.)
He's nowhere. (Er ist nirgends. Ich dachte, er wäre überall?!)
Is he anywhere? (Ist er irgendwo?)

ÜBUNG 27

Du darfst jetzt dieses sehnsuchtsvolle Liebesgedicht, das ich verfasst habe, übersetzen.

I have everything but you
(Ich habe alles außer dir)

Du bist niemand. ....

Du bist nichts. ....

Du hast nichts. ....

Aber du bist alles für (*to*) mich. ....

Niemand ist da. ....

Keiner ist da. ....

Keiner wie du. ....

Es gibt etwas zu sagen. ....

Du hast nichts. ....

Aber du bist alles für mich. ....

Vielleicht *(maybe)* irgendwo. ....

Überall. ....

Gibt es jemanden wie dich. ....

Nein, nirgendwo. ....

Und ich gehe überallhin ohne dich. ....

Ich bin niemand. ....

Aber es gibt etwas. ....

Ich habe alles außer dir. ....

TIME INDICATORS

Wörter, die zwischen zwei oder mehr Ereignissen einen zeitlichen Zusammenhang herstellen, nenne ich *time indicators*. Die wichtigsten unter ihnen habe ich mit Beispielen für dich aufgelistet.

- **AFTER** = nach (wenn ein Verb folgt, so steht dieses im Gerundium - du musst also -ING ans Ende des Verbs hängen)
  after running (nach dem Laufen)
  after work (nach der Arbeit)
- **AGO** = vor (drückt aus, vor wie viel Zeit sich etwas ereignet hat)
  seven years ago (vor sieben Jahren)
- **AS LONG AS** = solange
  As long as you work, there will be no problem. (Solange du arbeitest, wird es keine Probleme geben.)
- **BEFORE** = vor, bevor
  before Christmas (vor Weihnachten)
  Please make breakfast before you go. (Bitte mache Frühstück, bevor du gehst).
- **BETWEEN** = zwischen (zwei Zeitpunkten)
  between Monday and Friday (zwischen Montag und Freitag)
- **BY** = bis (spätestens)
  by Thursday (bis Donnerstag)
- **DURING** = während
  during the holidays (während der Ferien)
- **FOR** = (eine Zeit) lang
  for five weeks (fünf Wochen lang)
- **FROM ...TO** / **FROM ...UNTIL** / **FROM ...TILL** = von...bis
  from Monday to Wednesday (von Montag bis Mittwoch)
  from now until the end of time (von jetzt bis ans Ende der Zeit)
  She wants to stay till tomorrow. (Sie will bis morgen bleiben.)
- **SINCE** = seit
  since the beginning (vom Anfang an)
- **TODAY** = heute
  Today you are with me. (Heute bist du bei mir.)

- **TOMORROW** = morgen
  Tomorrow I'll be with you. (Morgen werde ich bei dir sein.)
- **UNTIL** / **TILL** = bis (gleichbedeutend, aber *till* ist weniger förmlich).
  until / till tomorrow (bis morgen)
- **YESTERDAY** = gestern
  Yesterday I was with you. (Gestern war ich bei dir.)
- **(NOT) YET** = noch (nicht)
  He's not here yet. (Er ist noch nicht hier.)

ÜBUNG 28

1. Nach dem Abendessen gehe ich aus (*I'm going out*).

   ....

2. Während des Winters gehe ich nicht aus (*I don't go out*).

   ....

3. Ich bin nicht glücklich, bis ich dich sehe.

   ....

4. Solange du bei mir bleibst.

   ....

5. Ich arbeite fünf Wochen lang.

   ....

6. Solange du hier bist, bin ich (*I'll be*) glücklich.

   ....

7. Ich kann bis zu fünf Tage warten (*I can wait*).

   ....

8. Ich will, dass du bis vier Uhr fertig bist.

   ....

9. Es ist noch nicht Weihnachten.

10. Ich werde dich zwischen Montag und Mittwoch sehen (*I'll see you*).

ÜBUNG 29

Übersetze diesen typischen Tagesablauf bitte ins Englische – das Rüstzeug dafür hast du bereits. *Go!*

Ich stehe morgens auf. Ich dusche. Ich ziehe mich an (*get dressed*). Ich frühstücke. Um 12 Uhr werde ich hungrig, deshalb esse ich zu Mittag. Um 3 Uhr nachmittags habe ich einen Termin mit meinem Chef (*boss*), um 6 Uhr gehe ich nach Hause. Ich esse zu Abend, ich ziehe mich aus (*get undressed*). Abends schaue ich fern. Um Mitternacht gehe ich ins Bett. Während der Nacht träume ich davon (*have a dream about*), wie Birmingham City wieder die Erstliga (*Premiership*) gewinnt.

DIE POSSESSIVPRONOMEN

Genau wie im Deutschen gibt es auch im Englischen Possessivpronomen. Mit ihnen kannst du Substantive ersetzen, denen ein Possessivbegleiter vorausgeht.

That pig is ugly, while mine is nice.
(Das Schwein dort ist hässlich, während meines hübsch ist.)
My house is small, but yours is really small.
(Mein Haus ist klein, aber deines ist winzig klein.)
His friend is beautiful and yours is kind. I like them both.
(Sein Freund ist gutaussehend und deiner ist freundlich. Ich mag sie beide.)
Die rot hervorgehobenen Wörter sind Possessivpronomen.

meine(r,s)	**MINE**
deine(r,s)	**YOURS**
seine(r,s)	**HIS**
ihre(r,s)	**HERS**
seine(r,s)	**ITS**
unsere(r,s)	**OURS**
eure(r,s), Ihre(r,s)	**YOURS**
ihre(r,s)	**THEIRS**

ÜBUNG 30

Jetzt möchte ich dich auf die Probe stellen. Du bist mittlerweile ziemlich weit fortgeschritten und verfügst über einen ganz guten Wortschatz. Als Nächstes findest du ein *crossword*, in dem einige Wörter, die du gelernt hast, wiederholt werden. Schauen wir mal, ob es dir gelingt, ohne in den Lösungen nachzuschauen. *Are you ready?*

Across

3 Wort
4 Frosch
6 jung
8 hungrig
11 glücklich
14 Apfel
15 Erdbeere
17 Bruder
18 zwanzig (20)

Down

1 Auto
2 verrückt
4 Boden
5 violett
7 Goldfisch
9 Guten Morgen
10 immer
12 Wetter
13 Abendessen
16 weil
19 dieser

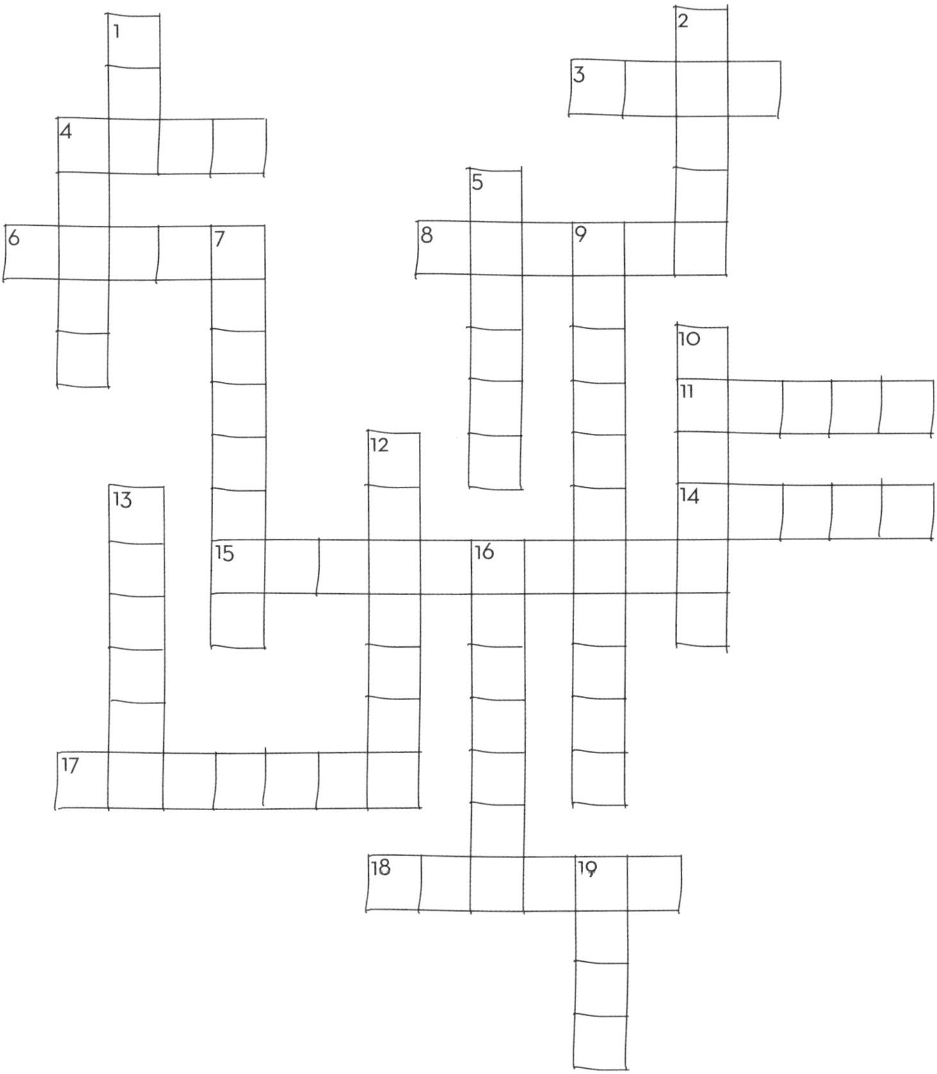
1
2
3
4
5
6
7
8
9
10
11
12
13
14
15
16
17
18
19

BLOCK 7

SEVEN

COMPACT GRAMMAR

1 Comparatives and superlatives
2 Double object
3 Simple present
4 Adverbs of frequency
5 Question words
6 As vs like
7 Must vs have to
8 Present continuous
9 To be going to
10 Future simple
11 Get, take, bring
12 Past simple
13 Past continuous
14 Can, could, will be able to
15 If
16 Watch vs look
17 Say vs tell

1 comparatives and superlatives

Der Komparativ eines Adjektivs setzt zwei Dinge oder Personen in Beziehung zueinander. Im Englischen benötigst du hierfür immer **THAN** nach dem Adjektiv.

Der Komparativ der Mehrheit von **GOOD** (gut) ist **BETTER** (besser).

Der Komparativ von **BAD** (schlecht) lautet **WORSE** (schlechter, schlimmer).

She is BETTER THAN him. (Sie ist besser als er.)

He is WORSE THAN her. (Er ist schlechter als sie.)

Good und *bad* sind zwei Sonderfälle. Normalerweise bildet man den Komparativ durch Anhängen der Silbe **-ER** am Ende des Adjektivs (wenn es sich um ein kurzes Adjektiv handelt), oder indem man dem Adjektiv **MORE** voranstellt (wenn das Adjektiv lang ist). Schau dir diese Beispiele an:

FAST (schnell), **FAST + ER = FASTER** (schneller)

EXPENSIVE (teuer), **MORE EXPENSIVE** (teurer)

Wir bilden jetzt Sätze, ohne dabei *than* zu vergessen:

A train is FASTER THAN your car. (Ein Zug ist schneller als dein Auto.)

Your bag is MORE EXPENSIVE THAN hers. (Deine Tasche ist teurer als ihre.)

Ausnahme: Wenn das Adjektiv auf einen Konsonanten endet, dem ein Vokal vorausgeht, wird der Konsonant verdoppelt, bevor man *-ER* anhängt. *Look*:

BIG (groß), **BIGGER** (größer)

The U.S.A. is BIGGER than Germany. (Die Vereinigten Staaten sind größer als Deutschland.)

Ebenso einfach bildet man den Superlativ: Der Superlativ von *good* lautet **THE BEST** (der, die, das Beste), der Superlativ von *bad* **THE WORST** (der, die, das Schlechteste / Schlimmste).

Messi is THE BEST player in the world. (Messi ist der beste Spieler der Welt.)

She is THE WORST in her classroom. (Sie ist die Schlechteste in ihrer Klasse.)

Bei allen anderen Adjektiven stellt man diesen den Artikel **THE** voran und hängt die Endung **-EST** an (wenn es sich um ein kurzes Adjektiv handelt). Ist das Adjektiv lang, stellt man diesem **THE MOST** voran. Beim Superlativ entfällt *than*.

COLD (kalt), **THE + COLD + EST = THE COLDEST** (der, die, das Kälteste)

BEAUTIFUL (schön), **THE + MOST + BEAUTIFUL = THE MOST BEAUTIFUL** (der, die, das Schönste)

Siberia is THE COLDEST place on Earth. (Sibirien ist die kälteste Gegend der Erde.)
My daughter is THE MOST BEAUTIFUL in the world. (Meine Tochter ist die Schönste der Welt.)

ÜBUNG 31

1. Meine Frau ist schlechter als seine.

....

2. Mein Auto ist besser als ihres.

....

3. Sein Auto ist schlechter als meines.

....

4. Joans Arbeitsstelle ist besser als eure.

....

5. Euer Chef ist schlimmer als unserer.

....

6. Ihr seid die Schlechtesten.

....

7. Sie sind die Besten.

....

8. Er ist der Schlechteste. Wir sind besser als er.

....

9. Meine Schule ist die Beste.

....

10. Schottland hat das schlechteste Essen der Welt.

....

2 personal pronouns and double object

Jetzt schauen wir uns genauer an, was "doppeltes Objekt" bedeutet. Machen wir gleich ein paar Beispiele mit *building blocks*:

Wie du siehst, folgen auf das Verb (*green word*) zwei Objekte; diese beantworten die Fragen WEM? und WAS?
Das erste ist das indirekte Objekt. Es gibt an, wem etwas getan, gesagt, gebracht, gekocht, gegeben etc. wird, also wer der Empfänger ist. Es ist unser *purple word*.
Das zweite ist das direkte Objekt, also der Gegenstand des Verbs. In unseren Beispielen ist es das *red word*.
I give her a kiss. (Ich gebe ihr einen Kuss.)
Wem gebe ich etwas? Ihr (*her*). Was? Einen Kuss (*a kiss*).
He cooks me a chicken. (Er bereitet mir ein Huhn zu.)
Wem bereitet er es zu? Mir (*me*). Was bereitet er zu? Ein Huhn (*a chicken*).
Auf das Verb folgt ein *purple word* (Objektpronomen), das angibt, an wen die Handlung gerichtet ist. Direkt danach folgt das Objekt der Handlung (in der Regel ist das ein *red word*). Zusammengefasst sieht der Satzbau so aus:
SUBJEKT + VERB + WEM + WAS

ÜBUNG 32

1. Sie gibt ihm einen Kuss.

   ....

2. Er kauft ihr Kekse (*biscuits*).

   ....

3. Er bereitet ihm zwei Steaks zu.

   ....

4. Er sagt ihr die Wahrheit (*truth*).

....

5. Sie kauft ihm einen Ring (*ring*).

....

3 simple present

Die erste und einfachste aller Verbzeiten im Englischen drückt eine Wahrheit aus oder eine Handlung, die regelmäßig stattfindet – die Dinge des täglichen Lebens also. Im Deutschen verwendet man diese Zeit häufiger als im Englischen – deshalb solltest du aufpassen. Wenn du mir zum Beispiel sagst **I read this book** (ich lese dieses Buch), verstehe ich, dass du dieses Buch regelmäßig liest. Oder: **I eat pizza** (ich esse Pizza) ohne weiteren Kommentar gibt mir zu verstehen, dass du routinemäßig Pizza isst. Vielleicht wolltest du eigentlich sagen "ich lese gerade dieses Buch" oder "ich esse gerade eine Pizza." Der bejahte Satz im *Simple Present* ist ganz einfach:

Subjekt (*blue block*) + Verb (*green block*) sind die beiden wesentlichen Bestandteile.

Denk IMMER daran, dass du in der dritten Person Singular ein **S** ans Verb anhängen musst. Bei allen anderen Personen (*I, you, we, they*) bleibt das Verb unverändert.

Ein paar Sonderfälle solltest du dir merken:

1 Endet das Verb auf -SS, -SH, -CH, -X, -O, wird ES angehängt

to kiss (küssen) = she **kisses**
to wash (waschen) = he **washes**
to watch (beobachten, schauen) = she **watches**
to fix (befestigen, reparieren) = he **fixes**
to go (gehen) = she **goes**

2 Endet das Verb auf -Y, und geht diesem ein Konsonant voraus, entfällt das Y und wird -IES angehängt (geht dem Y ein Vokal voraus, bleibt das Verb unverändert, und du musst lediglich ein S anhängen).

to spy (spionieren) = he **spies**
to play (spielen) = she **plays**

Für die verneinte Form im *Simple Present* brauchst du das *gold word* **DO** und den Baustein **NOT**. Diese haben ihren Platz zwischen Subjekt und Verb – also so:

LEDIGLICH in der dritten Person Singular verwendet man **DOES** anstelle von *do*. Das S, das wir ursprünglich ans Verb angehängt haben, wandert zum *does* – also so:

Du kannst die *blocks* komprimieren, und erhältst dann die Kurzform:

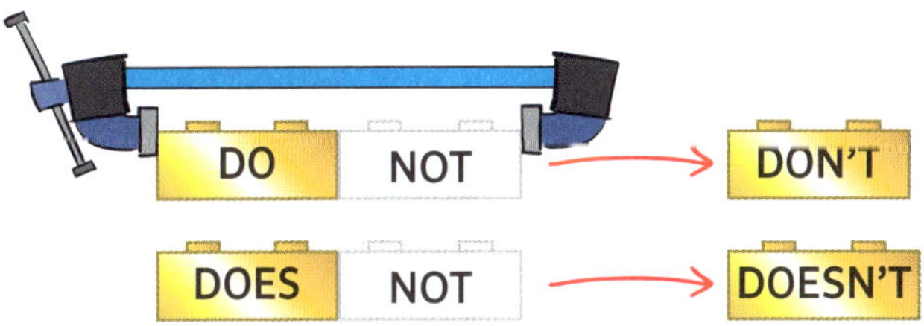

Um eine Frage zu bilden, setzt du *do* oder *does* an den Satzanfang – und ans Satzende ein Fragezeichen.

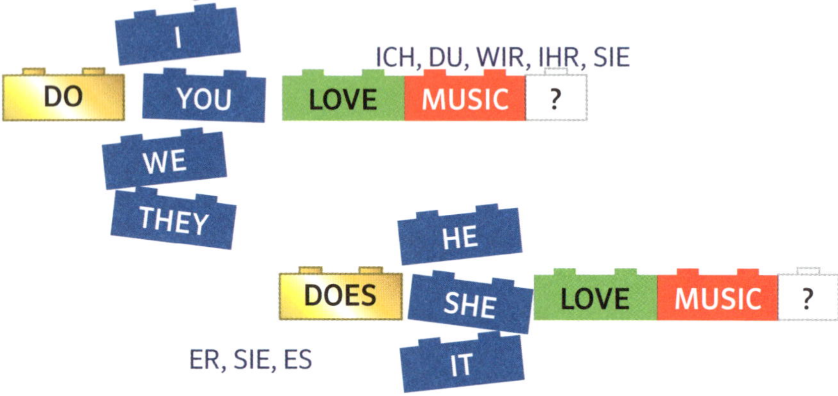

Jetzt beantworten wir die Fragen mit *short answers*, die sehr einfach zu bilden sind. Du brauchst dazu *do, does, don't* oder *doesn't* – je nachdem, was für eine Antwort du geben möchtest.

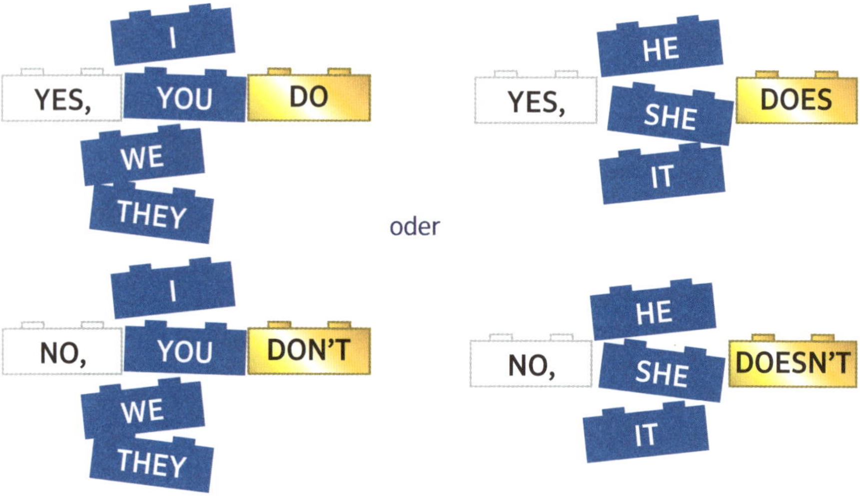

Eine verneinte Frage zu bilden, ist jetzt ganz einfach: Du verwendest die Kurzformen *don't* oder *doesn't*:

Ein klein wenig möchte ich beim *gold word* **DO** verweilen. Neben der wichtigen Rolle, die es beim *Simple Present* spielt, ist *do* auch ein Verb und bedeutet "tun" oder "machen". Auch **MAKE** heißt "machen". Worin liegt der Unterschied? *Make* verwendet man, wenn etwas geschaffen wird, das es zuvor noch nicht gab. Am Ende der Tätigkeit steht also ein Ergebnis. Ein paar Beispiele:

You make a cake. (Du machst einen Kuchen.)

Du nimmst Eier, Butter, Mehl, und so weiter. Du mischt diese Zutaten, und am Ende hast du einen Kuchen.

My dad makes dinner. (Mein Papa macht das Abendessen.)

Er kocht, und am Ende ist das Abendessen fertig, das es zuvor nicht gab.

He makes a lot of friends. (Er schließt viele Freundschaften.)

Diese Freunde hatte er vorher nicht.

They make a lot of money. (Sie machen viel Geld.)

Zuvor war kein Geld da, jetzt haben sie es.

Make bedeutet auch, jemanden zu etwas "veranlassen" bzw. eine Reaktion hervorrufen.

You make me cry. (Du bringst mich zum Weinen.)

She makes him happy. (Sie macht ihn glücklich.)

They make their daughter laugh. (Sie bringen ihre Tochter zum Lachen.)

He makes her sad. (Er macht sie traurig.)

Du kannst *make* auch im Sinne von "jemanden zu etwas zwingen" verwenden:

She makes him watch Game of Thrones. (Sie zwingt ihn dazu, Game of Thrones zu schauen.)

His boss makes him work hard. (Sein(e) Chef(in) lässt ihn hart arbeiten.)

My mum makes me eat vegetables. (Meine Mutter zwingt mich, Gemüse zu essen.)

Do bedeutet "machen" mehr im Allgemeinen: Etwas ausführen, eine Arbeit oder die Hausaufgaben oder eine Sportart. Etwas tun, ohne zu einem Endergebnis zu gelangen. Zum Beispiel:

I do the shopping. (Ich erledige die Einkäufe.)

I do my job. (Ich mache meine Arbeit.)

I do the washing. (Ich mache die Wäsche.)

I do the cleaning. (Ich erledige das Putzen.)
I do an exercise. (Ich mache eine Übung.)
I do yoga, kung fu and karate. (Ich mache Yoga, Kung Fu und Karate.)

ÜBUNG 33

1. Sie macht mich glücklich, wenn ich sie zum Lachen (*laugh*) bringe.

   ....

2. Sie lässt mich alle Einkäufe (*shopping*) erledigen.

   ....

3. Wir machen unsere Hausaufgaben (*homework, nur im Singular*) jeden Tag.

   ....

4. Sie macht die Hausarbeit (*housework*) jeden Tag.

   ....

5. Diese Firma macht eine Million pro Tag.

   ....

4 adverbs of frequency

Adverbien der Häufigkeit sind Wörter, mit denen du die Häufigkeit von Tätigkeiten im Simple Present ausdrücken kannst. An den folgenden Beispielsätzen kannst du die Stellung sehen, die sie im Satz einnehmen.
I eat pizza. (Ich esse Pizza.) Wann? Wie oft? Oft, nie, immer?
I ALWAYS eat pizza. (Ich esse immer Pizza.)
She USUALLY eats pizza. (Sie isst normalerweise Pizza.)
You OFTEN go on holiday. (Du gehst oft in den Urlaub.)
They SOMETIMES drink wine. (Sie trinken manchmal Wein.)
He RARELY works. (Er arbeitet selten.)
We NEVER go on holiday. (Wir gehen nie in den Urlaub.)
Hast du es gesehen? Die Adverbien der Häufigkeit stehen immer zwischen

Subjekt und Hauptverb. Wenn aber das Hauptverb *to be* ist, dann stehen die Adverbien nach dem Verb:

I am **ALWAYS** late. (Ich bin immer verspätet.)

Wenn du Fragen stellen möchtest, die ein Adverb der Häufigkeit enthalten, brauchst du lediglich noch das *gold word do* am Anfang und ein Fragezeichen am Ende des Satzes.

DO	YOU	ALWAYS	EAT	PIZZA	?

Isst du immer Pizza?

Das einzige Adverb, das sich ändert, ist *never*: Im Fragesatz wird daraus **EVER**.

DO	YOU	EVER	EAT	PIZZA	?

Isst du jemals Pizza?

Um zu fragen, wie häufig jemand etwas tut, brauchst du **HOW**.

How often do you eat pizza? (Wie oft isst du Pizza?)

5 question words

Hier habe ich eine Reihe von Wörtern für dich, mit denen du im Englischen Fragen stellen kannst:

? WHAT ? WAS — **What do you do?** (Was machst du?)

? WHERE ? WO, WOHIN — **Where do you work?** (Wo arbeitest du?)

? WHEN ? WANN — **When do you work?** (Wann arbeitest du?)

? WHO ? WER, WEM, WEN — **Who do you work for**? (Für wen arbeitest du? Merke dir bitte ganz nebenbei die Stellung von *for*.)

? WHY ? WARUM — **Why do you work?** (Warum arbeitest du?)

? HOW ? WIE — **How do you go to work?** (Wie kommst du zur Arbeit?)

Wie du siehst, stehen die *question words* am Anfang des Fragesatzes, aber man kann sie auch innerhalb bejahter Sätze verwenden. Beispiel:
I go to bed when I'm tired. (Ich gehe ins Bett, wenn ich müde bin.)

Jetzt antworten wir - zuerst ich, dann du.
WHAT do you do? — I'm a teacher.

I'M

WHERE do you work? — I usually work in Milan.

WHEN do you work? — I always work, from Monday to Sunday.

WHO do you work for? — I don't have a boss.

WHY do you work? — Because I like it and I have fun.

How do you go to work? — I sometimes go to work by car, but I usually go by bus; I never go on foot.

Das *question word how* kannst du – wie im Deutschen – zusammen mit Adjektiven verwenden.
How old are you? (Wie alt bist du?) Und wenn du fragen möchtest "wie geht's?", sagst du im Englischen **how are you?** Weitere Beispiele:
How FAR is Hamburg from London? (Wie weit ist Hamburg von London entfernt?)
How LONG does it take to get to London? (Wie lange braucht man nach London?)

ÜBUNG 34

1. Was isst du normalerweise?

   ....

2. Wie heißt er?

   ....

3. Wann gehst du schlafen?

   ....

4. Warum liebst du mich?

   ....

5. Was arbeitet sie? *(Was macht sie?)*

   ....

6. Wohin gehst du normalerweise in den Urlaub?

   ....

7. Mit wem lebst du zusammen?

   ....

8. Wie kommst du normalerweise hierher? – Mit dem Flugzeug.

   ....

9. Wo und was isst du normalerweise zu Mittag?

10. Wer ist der Mann dort?

11. Woher kommst du (*come from*)?

12. Warum gehst du nie in den Urlaub?

13. Wo ist dein Mantel?

14. Woher (*how*) kennst du sie?

15. Warum küsst du mich immer?

16. Wo ist dein Geld?

17. Wann ist dein Geburtstag?

18. Was machst du sonntags normalerweise?

19. Wann und warum?

20. Mit wem arbeitest du zusammen?

21. Wann wird sie normalerweise wütend?

22. Wen will sie? Mich oder ihn?

23. Wer erledigt in dem Haus dort das Putzen (*the cleaning*)?

24. Was trinkt er normalerweise?

25. Warum hasst du mich nicht?

26. Wie schmeckt dir deine Pizza?

27. Wann gehen sie normalerweise in den Urlaub?

28. Wie geht es deinem Großvater?

29. Wie weit ist dein Haus von deiner Arbeit entfernt?

30. Warum gibst du ihm immer so viel Zeit?

? **WHICH** ? WELCHE(R, S)

Zum Abschluss schauen wir uns **WHICH** an; es ist ein *question word* und bedeutet (genauso wie *what*) "welche(r,s)" – allerdings mit einem Unterschied.

Mit *which* kannst du eine Auswahl aus einer begrenzten Anzahl von Dingen treffen, während die Auswahl mit *what* unendlich ist. Zum Beispiel:
Which colour do you like: red, blue or purple? (Welche Farbe magst du: rot, blau oder lila?)
What's your favourite colour? (Was ist deine Lieblingsfarbe?)

Einen Augenblick bleiben wir noch bei **HOW**; zusammen mit den Wörtern **MUCH** oder **MANY** leitet es eine Frage nach der Menge ein.
HOW MUCH? bedeutet "wie viel?" oder auch "wie sehr?" und wird bei Substantiven im Singular und *uncountables* verwendet. **HOW MANY?** bedeutet "wie viele". Man verwendet es bei Substantiven im Plural und *countables*. Zum Beispiel:
How much ketchup do you want? (Wie viel Ketchup möchtest du?) — Ketchup ist nicht zählbar.
How many books do you read in a year? (Wie viele Bücher liest du in einem Jahr?) — *Books* sind zählbar und stehen im Plural.
Wenn es um Preise und Kosten geht, verwendet man ausschließlich *how much*.
How much is this house? (Wie viel kostet dieses Haus?)
How much are those shoes? (Wie viel kosten diese Schuhe dort?)
Jetzt ist es wieder an der Zeit zu üben. *Come on!*

ÜBUNG 35

1. Wie viel kostet das Auto dort?

   ....

2. Wie viele Kinder hast du?

   ....

3. Wie viele blaue Hemden hast du?

   ....

4. Wie sehr liebst du mich?

....

5. Wie viel Zucker möchtest du (*would you like*)?

....

6. Wie oft im Monat (*times a month*) gehst du ins Kino?

....

7. Wie oft muss ich dir das sagen?

....

8. Welches Auto ist deines (unter den vielen, die vor dem Pub stehen)?

....

9. Was ist deine Lieblingsfarbe?

....

10. Wie spät ist es?

....

6 as vs like

• **LIKE = WIE**, im Sinne von "ähnlich wie", zum Beispiel:
You dance like a drunk horse. (Du tanzt wie ein betrunkenes Pferd.)
Erinnerst du dich noch, dass *like* ein *schizo word* ist? Wenn du möchtest, kannst du den letzten Absatz von *block 2*, der diesem Wort gewidmet ist, nochmals lesen.

• **AS =** ALS im Sinne von "in der Rolle von", zum Beispiel:
I work as a teacher. (Ich arbeite als Lehrer.)
As bedeutet auch "während". Schau dir dieses Beispiel an:
As she speaks, I sleep. (Während sie spricht, schlafe ich.)
Außerdem ist *as* ein wichtiges Element beim Komparativ der Gleichheit; man verwendet es so:
AS + Adjektiv + AS = so + Adjektiv + wie.

Die folgenden Beispiele verdeutlichen das:
Your house is as big as mine. (Dein Haus ist so groß wie meines.)
You are as tall as me. (Du bist so groß wie ich.)

7 must vs have to

Diese beiden Verben werden mit "müssen" übersetzt, jedoch mit unterschiedlicher Bedeutung.

• **MUST** verwendet man, wenn ein Befehl oder ein Beschluss durch den Sprecher selbst erteilt bzw. getroffen wird.

I must eat less. (Ich muss weniger essen.) — Ich selbst beschließe, dass ich weniger essen muss.

• **HAVE TO** verwendet man, um Gesetze, Regeln oder Beschlüsse, die von außen auferlegt werden, zu bezeichen. Diese hängen nicht vom Willen des Sprechers ab. Auf *have to* folgt immer ein Verb.

You have to drive sober. (Du musst nüchtern fahren.) — Wenn du etwas getrunken hast, darfst du nicht Auto fahren. Diesen Beschluss hast nicht du getroffen, er wird dir durch das Gesetz auferlegt.

ÜBUNG 36

1. Du musst abnehmen (*lose weight*)!

   ....

2. Er ist so fett wie ein Schwein, aber ich mag ihn.

   ....

3. Ich mag dich gern (*love*) als Freund.

   ....

4. Du musst zur Arbeit gehen, es ist spät (*late*)!

   ....

5. Sie spricht (*speak*) wie ein Papagei (*parrot*).

   ....

8 present continuous

Das *Present Continuous* verwendet man für Vorgänge oder Handlungen, die im Moment des Sprechens stattfinden. Darüber hinaus wird es dazu verwendet, eine künftige Handlung darzustellen, die schon fest steht, weil du sie schon geplant hast.

Was diese Zeitform unverwechselbar macht, ist die Nachsilbe **-ING** am Ende des Verbs; stell sie dir als Magnet vor, der am Ende des Verbs haftet. Gebildet wird das *present continuous* so:

SUBJEKT + VERB TO BE + VERB (GRUNDFORM) + ING

I AM EATING = ich esse gerade

Weitere Beispiele für die verschiedenen Personen:

I AM WALKING	=	ich gehe gerade
YOU ARE EATING	=	du isst gerade
HE IS SPEAKING	=	er spricht gerade
SHE IS SLEEPING	=	sie schläft gerade
IT IS RAINING	=	es regnet gerade
WE ARE PLAYING	=	wir spielen gerade
YOU ARE DRIVING	=	ihr fahrt gerade
THEY ARE COMING	=	sie kommen gerade

Bei Fragen, verneinten Sätzen und *short answers* musst du dich an den Satzbau halten, der für Sätze mit dem Verb *to be* gilt. Bei einer Frage vertauscht du also das Subjekt und das Verb *to be*; in einem verneinten Satz fügst du nach dem Verb *to be* **NOT** ein. Antworten lauten gleich wie die *short answers* des Verbs *to be* – es ist nicht nötig, den kompletten Satz zu wiederholen.

Are you coming to Joan's wedding? (Kommst du zur Joans Hochzeit?)
Yes, I am. / No, I'm not. (Ja. / Nein.)
She isn't walking. (Sie läuft gerade nicht.)

Einige Verben verändern sich leicht, wenn ihnen der Magnet *ING* anhaftet:

• Bei Verben, die auf einen einzelnen Konsonanten enden, dem ein einzelner Vokal vorangeht, wird der Konsant verdoppelt, bevor man **ING** anhängt.

STOP (anhalten, aufhören) — **STOPPING**

SIT (sitzen) — **SITTING**
PUT (stellen, legen) — **PUTTING**
TRAVEL (reisen) — **TRAVELLING**

• Verben, die auf E enden, verlieren den letzten Buchstaben, bevor **ING** angehängt wird.
HAVE (haben) — **HAVING**
COME (kommen) — **COMING**
DRIVE (fahren) — **DRIVING**

Für das *Present Continuous* gibt es drei Anwendungsmöglichkeiten.
1 NOW (jetzt gerade, in diesem Moment)
Es bezeichnet eine Handlung, die sich in diesem Augenblick abspielt - im Moment des Redens. Du kannst es verwenden, wenn du deinen Gesprächspartner nicht siehst (zum Beispiel am Telefon, an einer Gegensprechanlage, oder wenn du dich in einem anderen Raum befindest). Schau dir dieses Beispiel an: Eine Mutter spricht mit ihrer Tochter, die sich seit Stunden ins Bad eingeschlossen hat:

Mum:	**What are you doing?** (Was machst du?)
Daughter:	**I am reading the newspaper.** (Ich lese die Zeitung.)

2 PERIOD (im gegenwärtigen Zeitraum)
Es bezeichnet eine Handlung, die bereits in der Vergangenheit begonnen hat, aber noch nicht zu Ende ist - sich also im gegenwärtigen Zeitraum abspielt. Folgendes kann geschehen:
Du triffst nach langer Zeit einen Freund wieder; er fragt dich:

Your friend:	**So what are you doing in this period?** (Na, was machst du zur Zeit?)
You:	**Nothing special, I'm looking for a job.** (Nichts Besonderes, ich bin auf Jobsuche.)

3 FUTURE (in der Zukunft)
Das *Present Continuous* kann eine Handlung bezeichnen, die in der Zukunft stattfinden wird. Ich weiß, das ist seltsam, aber es ist so. Die Handlung in der Zukunft ist bereits geplant, und sie ist so wichtig, dass das Datum und viel-

leicht auch die Uhrzeit feststehen. Ganz allgemein betrifft es etwas, das in sehr naher Zukunft stattfindet. Im Folgenden findest du eine Reihe von Signalwörtern, an denen du erkennst, dass du das *Present Continuous in the future* verwenden sollst.

TONIGHT = heute Abend / heute Nacht
THIS EVENING = heute Abend
TOMORROW MORNING = morgen Vormittag
THIS WEEK = diese Woche
NEXT WEEK = nächste Woche

Du triffst deinen Freund Tom, der dich fragt:

Tom: **What are you doing tomorrow night at 9.00?** (Was machst du morgen Abend um 9?)
You: **I'm playing football**. (Ich spiele Fußball.)

ÜBUNG 37

Now...

1. Was machst du gerade? - Ich arbeite. (*Where do you think I am?*)

   ....

2. Was macht dein Mann gerade? — Er läuft im Park.

   ....

3. Was macht Opa (*grandad*) gerade? — Er sitzt auf dem Sofa.

   ....

4. Sie kocht gerade, er sieht fern, und der Hund bellt *(bark)*.

   ....

5. Was machen sie gerade bei der Arbeit? — Er schläft, und sie spricht.

   ....

In this period...

6. Vincent liest zur Zeit ein Buch von (*by*) Stephen King.

7. Felix und Klaus arbeiten zur Zeit viel.

8. Stefan verkauft (*sell*) gerade sein altes Haus.

9. Elvira lernt zur Zeit Englisch.

10. Peter schreibt gerade ein Buch.

In the future...

11. Am Montagnachmittag um fünf Uhr wird er mit seinen Freunden Fußball spielen.

12. Am Dienstag um 9 Uhr wird er mit Theresa eine Pizza essen.

13. Am Samstagabend wird er ein Bier mit mir trinken.

14. Am Sonntagnachmittag wird er auf dem Sofa schlafen.

15. Am Sonntagabend wird er zuhause einen Film schauen und dann schlafen gehen.

9 to be going to

Das englische Verb **to be going to** kann zwei verschiedene Bedeutungen haben.

1 Es ist das *Present Continuous* des Verbs "gehen" (*to go*). In diesem Fall gibt es eine bereits geplante Handlung an.

Tomorrow I'm going to the disco. (Morgen gehe ich in die Disko.)

2 Es ist das Futur der Absicht und drückt eine zukünftige Handlung aus, über die noch nichts Näheres bekannt ist; du weißt nicht, wann sie eintreten wird, aber du hast die feste Absicht, sie auszuführen. Sicher ist, dass diese Handlung in der Zukunft stattfinden wird.

I'm going to buy a new house. (Ich habe vor, ein neues Haus zu kaufen.)

Um sicherzustellen, dass du nichts falsch machst, achte bitte darauf, wie der Satz gebildet wird:

- **to be going to + Ort = Present Continuous**
- **to be going to + Verb = Futur der Absicht**

Fragesätze und verneinte Sätze mit *to be going to* bildet man wie beim *Present Continuous*.

What are you going to do? (Was hast du vor?)

I'm not going to call her! (Ich habe nicht vor, sie anzurufen!)

Hier findest du weitere Beispiele; die ersten drei Fälle betreffen das *Present Continuous*, im letzten Satz geht es um das Futur der Absicht.

I'm going to the gym. (Ich bin gerade unterwegs zum Fitnessstudio.)

In this period I'm going to the library to study. (Derzeit gehe ich in die Bibliothek zum Lernen.)

Next week I'm going to Zurich. (Nächste Woche gehe ich nach Zürich.)

I'm going to lose weight. (Ich habe die Absicht abzunehmen.)

ÜBUNG 38

1. Ich fliege gerade nach Miami.

   ....

2. Mein Sohn hat die Absicht, Sänger zu werden.

   ....

3. Wirst du die Show anschauen?

....

4. Ich habe nicht vor, das Spiel (*match*) mit ihm anzuschauen.

....

5. Sie wird zu ihm nach Hause gehen und er zu ihr.

....

6. Wir haben vor, New York zu besuchen (*to see*).

....

7. Ich habe nicht die Absicht, mein Geld im Kasino zu verlieren (*lose*).

....

8. Wirst du dich entspannen?

....

9. Wirst du mich eines Tages küssen?

....

10. Ich habe vor, mir die Haare schneiden zu lassen (*cut*), aber ich weiß nicht, wann.

....

10 future simple

Das Schlüsselwort für das *Future Simple* ist **WILL**. Diese Futurform verwendet man, wenn der Beschluss etwas künftig zu unternehmen, in diesem Moment fällt. Ich entscheide das jetzt, also sage ich: "I will…" (abgekürzt **I'LL**). In der Praxis ist die Kurzform weit verbreitet und wird der Langform vorgezogen. Die Langform klingt ziemlich feierlich – sie bezeichnet ein Versprechen, eine wichtige Verpflichtung. Das *Future Simple* wird auch verwendet, um Vorhersagen über zukünftige Ereignisse zu treffen, vor allem, wenn es um eine andere Person geht. Da es bei dem

Gesagten nicht um dich geht, drückst du deinen Standpunkt aus; du stellst dir vor, sagst vorher, dass etwas Bestimmtes so eintreffen wird. Wenn du genauer nachdenkst, bist du dir deiner Sache vielleicht nicht so sicher.
Du hast mir zum Beispiel gerade gesagt, dass du heute Abend ins Kino gehen wirst:
I'll come to the cinema too! (Ich komme mit ins Kino!) Du hast es gerade eben beschlossen.
Deiner neuen Freundin könntest du sagen:
I will always be faithful to you. (Ich werde dir immer treu sein.) Ein bindendes Versprechen!
Ich sehe, wie Kate und Mark nach einem schönen Abend das Pub verlassen:
I think she'll kiss him. (Ich denke, sie wird ihn küssen.) Ich weiß, dass sie eine Schwäche für ihn hat.
Zum Schluss möchte ich dich noch auf einen kleinen, aber feinen Unterschied in den nächsten beiden Sätzen hinweisen.
I'll marry her. (Ich habe gerade die Entscheidung getroffen, sie zu heiraten.)
I will marry her. (Ich verspreche, dass ich sie heiraten werde.) Hier ist klar, dass es mir ernst ist.
Der Satz wird für alle Personen *(I, you, he, she, it, we, you, they)* gleich gebildet:
SUBJEKT + WILL ('LL) + VERB

Der Satzbau ist, unabhängig vom *blue block*, immer derselbe.
Im verneinten Satz folgt beim *Future Simple* auf *will* ein *not* – **WILL NOT**. Auch das kann man zusammenziehen: **WON'T**.
He won't meet her. (Er wird sie nicht treffen.)
They won't leave me here. (Sie werden mich hier nicht zurücklassen.)
Um mit dem *Future Simple* einen Fragesatz zu bilden, genügt es, vom bejahten Satz auszugehen und den *blue block* mit dem *will*-Baustein zu vertauschen. Also so:

Das ist bei allen Personen gleich.
Will I play? / Will you play? / Will he/she/it play? / Will we play? /

Will you play? Will they play?
Du solltest wissen, dass *will* in Fragen auch als Höflichkeitsform verwendet wird; man bietet dem Gegenüber damit eine Wahlmöglichkeit. Im Deutschen kann man diese Art von Fragen mit dem Konditional übersetzen.
Will you pass me the ketchup, please? (Würdest du mir bitte das Ketchup reichen?)
Auch beim *Future Simple* gibt es *short answers*.
Yes, I will, wenn du "ja" sagst. **No, I won't**, wenn du mit "nein" antwortest.

ÜBUNG 39

1. Ich werde zwei Tickets nach Miami buchen (*book*).

   ....

2. Sie wird dich nach dem Abendessen küssen.

   ....

3. Sie wird sich in dich verlieben (*fall in love with you*).

   ....

4. Du wirst mit ihr und ihrer Katze leben.

   ....

5. Ihre Katze wird dich mögen.

   ....

6. Ich werde nicht zwei Tickets nach Miami für dich buchen.

   ....

7. Sie wird sich nicht in dich verlieben.

   ....

8. Du wirst mir nicht verzeihen (*forgive*).

   ....

9. Wir werden nicht mehr (*anymore,* am Ende des Satzes) sonntags Fußball spielen.

....

10. Wir werden nicht mehr zum Bowling gehen.

....

11. Verrätst *(tell)* du mir dein Geheimnis (*secret*)?

....

12. Wird sie mit ihm im Park laufen?

....

13. Wird der FC Bayern die Champions League gewinnen?

....

14. Werde ich jemals nach Miami gehen?

....

15. Wirst du dir die Haare schneiden lassen?

....

11 get, take, bring

Diese drei Verben werden ihrer ähnlichen Bedeutung wegen oft durcheinandergebracht.

TAKE und **GET**

Wenn der Gegenstand, den du gerne haben möchtest, DA IST, wo du dich befindest, musst du *take* verwenden. Wenn er NICHT DA IST, sondern anderswo, dann verwenden wir *get*.

Can I have some ketchup, please? (Kann ich bitte etwas Ketchup haben?)

Die Ketchup-Flasche steht hier auf dem Tisch – also an dem Ort, an dem wir reden.

Yes, take it. (Ja, nimm es.)

Can I have some cheese, please? (Kann ich bitte Käse haben?)
Der Käse ist in der Küche – nicht dort, wo wir gerade sind.
Yes, get it from the fridge. (Ja, nimm ihn aus dem Kühlschrank.)

BRING und **TAKE**
Wenn es darum geht, einen Gegenstand oder eine Person (zu jemandem) mitzubringen, verwendest du *bring*.
Can I bring my friend with me tonight? (Kann ich meinen Freund heute Abend mitbringen?) — **Sure! Bring a bottle of red wine too, please.** (Klar! Bring bitte auch eine Flasche Rotwein mit.)
Wenn du einen Gegenstand oder eine Person vom Sprecher wegbringen möchtest, brauchst du *take*. Um dir das zu merken, denk einfach an ein Take-away.
I'm taking my friend to London. (Ich nehme meinen Freund mit nach London.)

ÜBUNG 40

1. Kannst du bitte sein Telefon aus der Küche holen?

   ....

2. Kann ich dein Auto nehmen?

   ....

3. Kannst du bitte etwas Obst im Supermarkt holen?

   ....

4. Kann ich dir etwas mitbringen, wenn ich in den Urlaub gehe?

   ....

5. Ist dir kalt? Du kannst meinen Mantel nehmen.

   ....

6. Kannst du diese Leute (*people*) bitte mit nach London nehmen?

   ....

7. Kannst du mich bitte um 3 Uhr morgens zum Flughafen bringen?

....

8. Nimm mich dieses Jahr mit zum Oktoberfest.

....

9. Bring deine Schwiegermutter *(mother-in-law)* heute Abend nicht mit.

....

10. Nimm mich mit dir auf den Mond (*to the moon*).

....

12 past simple

Das *Past Simple* verwendet man für eine Handlung, die in der Vergangenheit begonnen hat und in dieser auch abgeschlossen wurde, und die keinen Bezug zur Gegenwart hat. Es ist nicht immer wichtig, den genauen Zeitpunkt des Ereignisses anzugeben. Es liegt in deinem Ermessen zu entscheiden, wie wichtig es ist, diesen Zeitpunkt näher zu bestimmen. Zuerst sehen wir uns das *Past Simple* des Verbs **TO BE** an, denn dieses ist eines der wichtigsten Verben überhaupt. Es ist außerdem das einzige Verb, dessen Vergangenheitsform sich – je nach Person – ändert. Alle anderen Verben bleiben für alle Personen unverändert *(I, you, he, she, it, we, you, they)*.

Bejaht	**Verneint**	**Kurzform**	**Frageform**	**Neg. Frage**
I was	I was not	I wasn't	Was I ... ?	Wasn't I ... ?
you were	you were not	you weren't	Were you ... ?	Weren't you ... ?
he was	he was not	he wasn't	Was he ... ?	Wasn't he ... ?
she was	she was not	she wasn't	Was she ... ?	Wasn't she ... ?
it was	it was not	it wasn't	Was it ... ?	Wasn't it ... ?

Bejaht	Verneint	Kurzform	Frageform	Neg. Frage
we were	we were not	we weren't	Were we ... ?	Weren't we ... ?
you were	you were not	you weren't	Were you ... ?	Weren't you ... ?
they were	they were not	they weren't	Were they ... ?	Weren't they ... ?

Wie du siehst, lautet die Form für die erste und dritte Person Singular (*I, he, she, it*) **WAS**; für alle anderen Personen brauchst du **WERE**. In einem bejahten Satz gibt es keine Kurzform.
I was at work. (Ich war bei der Arbeit.)
They were at work too. (Sie waren auch bei der Arbeit.)
She wasn't with us. (Sie war nicht bei uns.)
Bei den *short answers*, den Kurzantworten, verwendet man nach *yes* bzw. *no* immer das Personalpronomen; eine Kurzform gibt es nur für die Verneinung.
Were you with him? (Warst du bei ihm?)
Yes, I was. / No, I wasn't. (Ja. / Nein.)

ÜBUNG 41

1. Du warst mit ihm bei ihm zuhause.

   ....

2. Sie war nicht bei dir, weil sie mit Robert in Kanada war.

   ....

3. Waren sie bei euch? Nein. Sie waren bei Robert.

   ....

4. Sie war nicht mit Robert in Kanada, sie war im Restaurant.

   ....

5. Aber war sie nicht in Kanada?

   ....

Jetzt bist du bereit für das *Past Simple* aller anderen Verben. Diese unterteilt man in regelmäßige und unregelmäßige Verben.

Regelmäßige Verben sind all diejenigen, bei denen man die Vergangenheitsform durch Anhängen der Silbe -**ED** bildet. Für die **unregelmäßigen Verben** gibt es weder ein System noch eine Logik - du musst sie leider auswendiglernen!

Fangen wir an mit einem regelmäßigen Verb: **WANT** (wollen).

Base form: want (Beispiel: I want = ich will)

Past Simple: wanted (Beispiel: I wanted = ich wollte)

Past Participle: wanted = gewollt

want — wanted — wanted so lautet das Paradigma des Verbs (ich nenne es "Verbkette").

Ein paar Regeln musst du beachten, wenn du -ED an die regelmäßigen Verben anhängst:

• Endet ein Verb auf E, dann fügst du lediglich ein -D hinzu.

love — loved

• Wenn ein einsilbiges Verb auf Konsonant endet, dem ein einzelner Vokal vorangeht, verdoppelt man den Konsonanten, bevor -ED angehängt wird.

stop — stopped

• Wenn ein zweisilbiges Verb auf Konsonant endet, dem ein betonter Vokal vorangeht, verdoppelt sich der Konsonant, bevor -ED angehängt wird.

prefer — preferred

• Wenn ein Verb auf L endet, dem ein einzelner Vokal vorangeht, wird das L verdoppelt, bevor man die Silbe -ED anhängt.

travel — travelled

• Wenn ein Verb auf Konsonant+Y eindet, entfällt das Y und die Silbe -IED wird angehängt.

study — studied

Geht dem Y ein Vokal voran, wird -ED angehängt.

play — played

Was die Vergangenheitsformen der unregelmäßigen Verben betrifft, so bleibt dir - wie ich bereits erwähnt habe - nichts Anderes übrig, als sie auswendig zu lernen. Am Ende des Buches findest du eine vierspaltige Tabelle dazu. Achtung! Die Vergangenheitszeiten werden oftmals vom Deutschen ins Englische falsch übersetzt, bzw. das *Past Simple* mit dem *Present Perfect* verwechselt. Das sind zwei unterschiedliche Zeiten, aber Englischlerner/innen neigen zu einer wörtlichen Übersetzung und liegen damit häufig falsch. Ich gebe dir ein Beispiel:

"Gestern habe ich Fußball gespielt" heißt im Englischen **Yesterday I played football**. Es wird aber häufig so übersetzt: *Yesterday I have played football.* Eigentlich musst du nur daran denken, welche Handlungen im *Past Simple* ausgedrückt werden: **Handlungen, die in der Vergangenheit begonnen haben und auch in dieser zu Ende gebracht wurden, und die in keiner Verbindung zur Gegenwart stehen.** *Easy!*

Nachdem das Englische *Past* genauso *Simple* wie das *Present* ist, errätst du bestimmt, wie man Fragesätze, verneinte Sätze und *short answers* bildet – nämlich genau gleich wie im *Present*. Wenn du im Präsens **DO** verwendest, brauchst du in der Vergangenheit die Vergangenheitsform von *do* (das unregelmäßig ist), also **DID**.

Die Kette lautet *do — did — done*. Der Satzbau ist für regelmäßige und unregelmäßige Verben derselbe. Das Verb bleibt in allen Personen unverändert (du musst also für die dritte Person Singular nichts beachten.) *Now look!*

You played tennis. (Du hast Tennis gespielt.)

Did you play tennis? (Hast du Tennis gespielt?)

Wichtig ist, dass das Verb im Fragesatz wieder in seine Grundform (von *played* zu *play*) zurückkehrt; das Fragezeichen am Ende des Satzes kommt dazu.

Für einen verneinten Satz verwenden wir **DID** und **NOT**, was zu **DIDN'T** verkürzt werden kann.

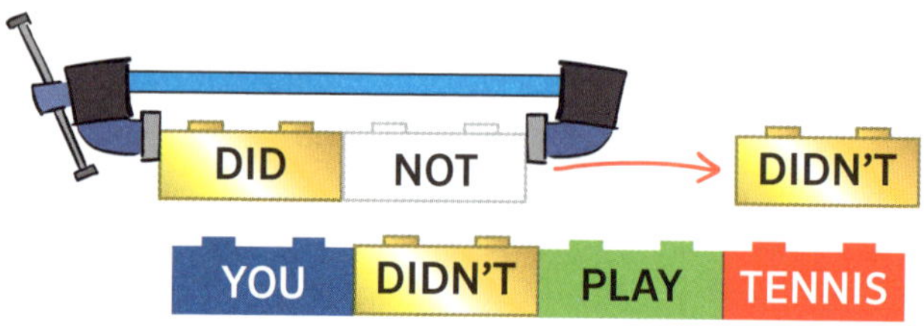

Bei einer verneinten Frage genügt es, den *blue block* und *didn't* zu vertauschen. Am Ende des Satzes wird das Fragezeichen hinzugefügt - das sieht dann so aus:

Wie man antwortet? Selbstverständlich mit *short answers*.

oder

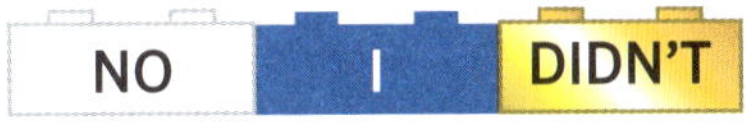

Jetzt bringe ich dir bei, wie ein echter Engländer, und nicht wie ein Tourist, zu reden. Im Englischen solltest du nicht zu viele Worte verwenden; gutes Englisch ist "sparsam", knapp.
Stellen wir uns vor, du bist gestern Abend ausgegangen, hast ein Bier getrunken und getanzt. Dann bist du nach Hause gegangen. Jemand, der sprachlich nicht sehr gewandt ist, würde sagen:
I went out and then I drank a beer and then I danced and then I went home.
DAS IST LANG, viel zu LANG! Ein Engländer würde es so ausdrücken:
I went out, drank a beer, danced and / then went home.

Wenn das Subjekt des Satzes für alle Handlungen dasselbe ist, wird es nicht unnötigerweise wiederholt. Es genügt, wenn du es am Anfang nennst, die einzelnen Satzteile durch Kommas voneinander trennst und *and* (und) oder *then* (dann) vor der letzten Handlung einfügst.
Jetzt darfst du Sätze übersetzen. Du findest hier eine Reihe von Verben mit ihrer Vergangenheitsform, die du für die Übung brauchst. Wenn du fertig bist, kannst du die Lösungen nachschlagen. *Ok, ready?*
ask (fragen) — **asked**
get (Zustandswechsel) — **got**
go (gehen) — **went**
have (haben) — **had**
kiss (küssen) — **kissed**
like (gefallen) — **liked**
meet (treffen) — **met**
take (bringen) — **took**

ÜBUNG 42

1. Gestern bin ich ausgegangen, habe mich amüsiert und bin dann nach Hause gegangen.

   ....

2. Gestern habe ich meine Tochter zur Schule gebracht und bin dann etwas essen gegangen.

   ....

3. Letzte Woche habe ich mit meinen Freunden eine Party gefeiert.

   ....

4. Letzten Sommer hat Mark Laura getroffen und sie haben geheiratet.

   ....

5. Vor zwei Stunden hat Laura einen Mann geküsst, und es hat ihr gefallen.

   ....

6. Er ist gestern sehr spät schlafen gegangen und heute ist er um 11.00 aufgestanden.

   ....

7. Sie baten sie, mit ihnen auszugehen.

   ....

8. Heute Morgen bin ich einkaufen gegangen.

   ....

9. Letzten Winter waren sie im Urlaub in Miami.

   ....

10. Letzte Woche sind sie an den Strand gegangen.

    ....

11. Gestern bin ich nicht zur Arbeit gegangen.

....

12. Ich habe dich letzte Woche nicht im Park getroffen.

....

13. Gestern habe ich nicht mit ihnen gegessen.

....

14. Der Film hat mir nicht gefallen.

....

15. Peter hat letztes Jahr nicht geheiratet.

....

13 past continuous

Das *Past Continuous* ist das Pendant zum *Present Continuous*; man verwendet es für Handlungen in der Vergangenheit. Der Satzbau entspricht in allen Formen – dem bejahten und dem verneinten Satz, dem Fragesatz und dem verneinten Fragesatz – dem des *Present Continuous*. Lediglich das Verb *to be* verändert sich ins *Past Simple*.

Schau dir diese Beispiele an, in denen die beiden Zeiten gegenübergestellt werden:

Present:	**I am making a cake.**	Ich mache gerade einen Kuchen.
Past:	**I was making a cake.**	Ich machte gerade einen Kuchen.
Present:	**Is he drinking water?**	Trinkt er Wasser?
Past:	**Was he drinking water?**	Trank er Wasser?
Present:	**I am not cutting the grass.**	Ich mähe nicht den Rasen.
Past:	**I wasn't cutting the grass.**	Ich mähte nicht den Rasen.

Das *Past Continuous* wird oft verwendet, um etwas zu erzählen, um nähere Einzelheiten zu der Situation, von der die Rede ist, zu liefern. Man benutzt es, um von einer längeren Handlung in der Vergangenheit (im *Past Continuous*)

zu erzählen, die durch eine weitere Handlung unterbrochen wurde (im *Past Simple*). In solchen Fällen leitet das Wort **WHILE** = während das Past Continuous ein. **WHEN** = als geht dem Past Simple voraus.
I was watching TV when you called me. (Ich schaute gerade fern, als du mich anriefst.)
While I was writing, the light went out. (Während ich schrieb, ging das Licht aus.)
When the phone rang, she was writing an email. (Als das Telefon klingelte, schrieb sie gerade eine E-Mail.)
While we were having a picnic, it started to rain. (Während wir picknickten, fing es an zu regnen.)
Und noch einmal darfst du übersetzen – und wieder schenke ich dir Verben.
break (brechen) — **broke**
die (sterben) — **died**
eat (essen) — **ate**
fall (fallen) — **fell**
love (lieben) — **loved**
ring (klingeln) — **rang**
see (sehen) — **saw**
sing (singen) — **sang**
sleep (schlafen) — **slept**
tell (sagen) — **told**
watch (schauen) — **watched**

ÜBUNG 43

1. Während er letzte Nacht schlief, nahm jemand sein Auto.

 ....

2. Während ich eine E-Mail schrieb, starb mein Computer.

 ....

3. Ich habe gerade gegessen, als du mich anriefst.

 ....

4. Was hast du gerade gemacht, als du dein Bein (*leg*) gebrochen hast?

....

5. Er sprach gerade mit einer Frau, als seine Frau ihn anrief.

....

6. Was hast du gerade gemacht, als du zu Boden gefallen bist?

....

7. Sie brachte gerade das Baby ins Bett, als das Telefon klingelte.

....

8. Michael sang gerade Karaoke, als wir dort ankamen.

....

9. Während er schlief, sagte sie ihm, dass sie ihn liebe.

....

10. Ich schaute gerade einen Horrorfilm, als das Licht (*the lights*) ausging (*go out*).

....

14 can, could, will be able to

Das Verb **CAN** gehört zu den Modalverben. Wie das Verb *to be* kommt es zur Bildung der Zeiten ohne das *gold word DO* oder *DID* aus.
Es bleibt in allen Personen unverändert, und das darauf folgende Verb steht immer in der Grundform.

Präsens:	**CAN**	**I can drive.** (Ich kann fahren.)
Vergangenheit:	**COULD**	**I could drive.** (Ich konnte fahren.)
Futur:	**WILL BE ABLE TO**	**I will be able to drive.** (ich werde fahren können.)

Die verneinten Kurzformen lauten so:

PRÄSENS:	I, you, he, she, it, we, you, they	**cannot / can't**
VERGANGENHEIT:	I, you, he, she, it, we, you, they	**could not / couldn't**
Futur:	I, you, he, she, it, we, you, they	**will not / won't be able to**

I can't fly. (Ich kann nicht fliegen.)
She couldn't go out every night. (Sie konnte nicht jeden Abend ausgehen.)
You won't be able to touch the ceiling. (Du wirst die Decke nicht berühren können.)

Bei der Frageform ist die Satzstellung dieselbe wie bei *to be* – es genügt also, Subjekt und Verb zu vertauschen: **can I sing?** (Kann ich singen?)

Und so lauten die *short answers*, mit denen du antworten kannst:

Präsens:	**Yes, I can. / No, I can't.**
Vergangenheit:	**Yes, I could. / No, I couldn't.**
Futur:	**Yes, I will. / No, I won't.**

Das Verb can übersetzt man mit "können, dürfen", aber es gibt verschiedene Bedeutungsnuancen. Schauen wir sie uns an:

1 Eine Erlaubnis haben

I can go to the bathroom. (Ich habe die Erlaubnis des Hausherrn – zum Glück!)
Brad Pitt can kiss Angelina Jolie. (Er darf es tun; er ist ihr Ehemann.)
I couldn't go to the disco when I was young. (Als ich jung war, durfte ich nicht in die Disko.)
My son will be able to drive when he gets his driving licence. (Mein Sohn wird Auto fahren dürfen, wenn er seinen Führerschein hat.)

2 Können - in der Lage sein, etwas zu tun.

I can reach you at noon. Will you be there? (Ich kann um die Mittagszeit bei dir sein; wirst du da sein?)
I could swim like a dolphin many years ago. (Vor vielen Jahren konnte ich wie ein Delfin schwimmen.)
You will be able to see me better after you put your glasses on. (Du wirst mich besser sehen können, nachdem du deine Brille aufgesetzt hast.)

3 Die Fähigkeit besitzen, etwas tun können.

I can speak Chinese, but only when I am drunk. (Ich kann chinesisch sprechen, aber nur wenn ich betrunken bin.)
I can play the piano. (Ich kann Klavier spielen.)
I can swim. (Ich kann schwimmen.)

4 Could als Möglichkeit.
I could be at home now. (Ich könnte jetzt zu Hause sein.)
I could marry Sharon Stone. (Ich könnte Sharon Stone heiraten.)
She could eat a pizza with you tomorrow. (Sie könnte morgen mit dir Pizza essen.)
5 Could als Vorschlag.
You could change your job. (Du könntest den Job wechseln.)
6 Could als höfliche Bitte.
Could I have something to drink, please? (Könnte ich bitte etwas zu trinken haben?)
Could you help me change the wheel, please? (Könntest du mir bitte beim Reifenwechsel helfen?)

ÜBUNG 44

1. Kann ich dein Mittagessen essen? – Nein. Es ist meins.

   ....

2. Sie kann nicht mit uns zur Party kommen. Ihre Mutter wird es ihr nicht erlauben. (*allow*).

   ....

3. Kannst du aufhörenzu singen (*singing*)?

   ....

4. Wir können reden, wenn du nicht wie ein Affe springst.

   ....

5. Du könntest einen Kaffee mit mir trinken.

   ....

6. Du könntest ein Buch lesen.

   ....

7. Könntest du mich bitte mitnehmen?

....

8. Könntest du ihm bitte Geld leihen (*lend*)? Ich habe keins.

....

9. Könntest du bitte dies für mich tun?

....

10. Könntest du ihr sagen, dass er sie liebt?

....

15 if

IF lautet die Übersetzung für das Deutsche "wenn, falls". Es leitet eine Unsicherheit, eine Hypothese, eine Möglichkeit ein.

1 Reale Möglichkeit: Das erste *IF-Satz* betrifft eine tatsächliche, reale Möglichkeit:

Wenn er diesen Job bekommt, verdient er viel Geld. Es besteht die konkrete Möglichkeit, dass der Betroffene diesen Job bekommt. Und wenn er ihn bekommt, steht es fest, dass er jede Menge Geld verdienen wird.

If he gets that job, he will earn a lot of money.

Teile diesen Satz in Gedanken an der Stelle des Kommas in zwei Teile; schau dir dann die beiden Satzteile dieses Bedingungssatzes an.

Im ersten Teil - dem Teil, der mit *IF* eingeleitet wird - steht das *Simple Present*.

Im zweiten Teil steht das *Future Simple*.

Und so lautet die Regel:

IF + SIMPLE PRESENT, FUTURE SIMPLE

2 Reine Hypothese: Das zweite *IF-Satz* betrifft keine konkrete Möglichkeit, sondern eine reine Hypothese.

Wenn viel Geld einginge, dann würde ich nach Miami gehen. In diesem Fall besteht keine reale Möglichkeit; der Sprecher äußert schlicht und einfach einen Wunsch, etwas, das er gerne tun würde.

If a lot of money arrived, I would go to Miami.
Schauen wir uns den Satz an und unterteilen ihn wieder in zwei Hälften.
Der mit *IF* eingeleitete Satz erfordert das *Past Simple*.
Im zweiten Teil des Satzes steht das Konditional; er wird eingeleitet durch **WOULD**. Wenn du *would* als Vergangenheitsform von *will* betrachtest, wird es viel einfacher.
Auf eine Ausnahme von der Regel möchte ich dich hinweisen – sie betrifft das Verb *to be*.
Man sagt für "wenn ich ... wäre" **IF I WERE** und nicht *IF I WAS*.
If I were you, I would stay at home. (Wenn ich du wäre, würde ich zu Hause bleiben.)
If I were Italian, I would open a restaurant. (Wenn ich Italiener wäre, würde ich ein Restaurant eröffnen.)

Jetzt darfst du übersetzen. ich schenke dir weitere Verben:
forget (vergessen) — **forgot**
come (kommen) — **came**
give (geben) — **gave**

ÜBUNG 45

1. Wenn ich mein Auto nicht finden kann, fahre ich mit dem Fahrrad.

   ....

2. Wenn es dieses Wochenende schneit, bin ich glücklich zu Hause vor dem Fernseher.

   ....

3. Wenn er sie nicht anruft, wird er viele Probleme haben *(problems)*.

   ....

4. Wenn sie mit ihnen gehen, wirst du sehr glücklich sein.

   ....

5. Wenn ich alleine (*alone*) bin, gehe ich mit ihnen.

6. Wenn ich in China leben würde, äße ich jeden Tag Reis.

7. Wenn er deinen Geburtstag vergessen würde, würdest du dich ärgern?

8. Wenn sie mit uns zum Abendessen kämen, hätten sie Spaß.

9. Wenn du Brad Pitt oder Sharon Stone träfest, würdest du es deiner Mutter sagen?

10. Würdest du mir deinen Porsche geben, wenn ich dir meinen Mercedes gäbe?

16 watch vs look

Kennst du den Unterschied zwischen **to watch** - auf Deutsch "beobachten" - und **to look (at)** - "anschauen"? Auf den ersten Blick erscheinen die beiden Verben sehr ähnlich, aber an einem Punkt unterscheiden sie sich entscheidend: *to watch* bedeutet, etwas oder jemanden in Aktion beobachten - also während er oder sie etwas tut. *To look (at)* verwendet man dagegen, wenn man das Äußere einer Sache oder einer Person betrachtet.

TO WATCH heißt also, jemanden oder etwas in Bewegung bzw. bei einer Tätigkeit beobachten, z.B.:

You watch TV. (Du schaust fern.)

You watch a show. (Du schaust eine Sendung.)

TO LOOK (AT) benutzt man im Gegensatz dazu, wenn das Aussehen einer Sache oder einer Person betrachtet wird.

Das Verb *look* versehe ich mit einem Pfeil, ⟶ um die Richtung anzugeben, in die du schauen musst, zum Beispiel:
YOU LOOK ⟶ **AT ME** = Du schaust mich (mein Aussehen) an.
YOU LOOK ⟶ **AT THAT TREE** = Du schaust den Baum dort an (vielleicht weil er schön oder hässlich ist, aber interessant auf jeden Fall auch).

17 say vs tell

Wenn du die Bedeutung eines Wortes nicht kennst, kannst du so danach fragen:
What does X mean? (Was bedeutet X?)
What does "Tisch" mean? It means "table".
(Was bedeutet "Tisch"? Es bedeutet "table".)
What does "say" mean? It means "sagen". (Was bedeutet "say"? Es bedeutet "sagen".)
What does "tell" mean? It means "sagen". (Was bedeutet "tell"? Es bedeutet "sagen".)
SAY bedeutet "sagen" in zwei Richtungen: Ich sage dir etwas, du sagst mir etwas, dann sage ich wieder etwas zu dir.
Auf das Verb *say* folgt die Präposition **TO**, wenn du angeben möchtest, mit wem der Betreffende spricht.
I say it to you and you say it to me. (Ich sage es dir, und du sagst es mir.)

TELL bedeutet sagen im Sinne von "informieren, mitteilen, erzählen" - es ist eine einseitige Angelegenheit.
Nach dem Verb *tell* benötigst du das Objektpronomen, wenn du angeben möchtests, mit wem der Betreffende spricht.
I tell you that I love you. (Ich sage dir, dass ich dich liebe.)

Beachte bitte die unterschiedliche Anwendung:
She says that I'm crazy. (Sie sagt, dass ich verrückt bin.)
I told her that she is crazy. (Ich habe ihr gesagt, dass sie verrückt ist.)

ÜBUNG 46

1. Ich sage dir die Uhrzeit. (Ich informiere dich.)

2. Du hast gesagt, dass du traurig bist.

3. Sie sagt immer, sie sei müde.

4. Er sagt mir immer, dass er nie Zeit hat. (Er informiert mich.)

5. Er erzählt oft Lügen (*lie*).

LÖSUNGEN

BLOCK TWO

ÜBUNG 1

1 It's warm and it's three o'clock.
2 It's windy and it's a quarter to two.
3 It's six o'clock and it's cold.
4 It's sunny and it's half past four.
5 It's hot and it's two o'clock.

ÜBUNG 2

1 This is my grandfather. Here he is **RELAXED**.
2 This is my grandmother. Here she is **ANGRY**.
3 This is my mother. Here she is **WORRIED**.
4 This is my father. Here he is **SCARED**.

ÜBUNG 3

1 Sorry, but you're too **OLD**.
2 Sorry, but you're too **YOUNG**.
3 Sorry, but you're too **TALL**.
4 Sorry, but you're too **FAT**.
5 Sorry, but you're too **SMALL**.
6 Sorry, but you're too **THIN**.

ÜBUNG 4

1 She's so beautiful!
2 You're a bit shy.
3 They're too drunk, so we're a bit angry.
4 I'm so happy!
5 He's too hungry, too.
6 This is Tom; he's tall.

7 Those are too angry.
8 Janet is too crazy.
9 I'm a bit tired but I'm happy.
10 So, how are you?

ÜBUNG 5

1 He's short and angry.
2 He's old and tired.
3 She's thin and happy.
4 He's drunk and short.
5 They're big, strong and confident.
6 He's young and shy.
7 We are fat and lazy.
8 I'm tired but happy.

ÜBUNG 6

1 You like pizza.
2 I'm like you.
3 I like my job.
4 She likes Richard.
5 He eats like a horse.
6 He likes coffee.
7 They like animals.
8 They like my old small house.
9 He dances like a bear.
10 They're like animals.

BLOCK THREE

ÜBUNG 7

1 No, she isn't.
2 No, he isn't.
3 Yes, I am / No, I'm not.
4 Yes she is.
5 No, they aren't.

6 No, it isn't.
7 Yes, they are.
8 Yes, they are.
9 Yes, she is.
10 Yes, she is.
11 No, they aren't.
12 Yes, she is.
13 No, he isn't.
14 No, he isn't.
15 No, he isn't.
16 No, she isn't.
17 No, she isn't.
18 No, it isn't.

ÜBUNG 8

1 A: Hi!
2 G: Hello.
3 A: You're beautiful! What's your name? Where are you from?
4 G: Gertrude, I'm German and bored, and you?
5 A: I'm Alain Delon, I'm young, happy and I'm French.
6 G: What time is it, please?
7 A: It's sunny!
8 G: What time is it, please?
9 A: It's two o'clock.
10 G: Thanks.
11 A: You're too thin. Are you hungry?
12 G: No, thank you Alain. I'm just bored.
13 A: Oh Gertrude! I'm too crazy and drunk. Maybe I love you.
14 G: You're so romantic and so handsome, but you're French. I'm sorry.
15 A: You're not drunk. Drink, drink!
16 G: It's hot and windy. The night is so romantic... Where is your brother?
17 A: My two brothers aren't here because they're sad and tired.
18 G: I'm not drunk and I'm not stupid, I'm not German and I'm not a woman.
19 A: So, what are you?
20 G: I'm bored.

BLOCK FOUR

ÜBUNG 9

1 I have (got) four red strawberries with me.
2 Have you got a basket, please? — Yes, I have.
3 Do you have a girlfriend? What's her name?
4 She's sad because she hasn't got a new car.
5 We have (got) two horses but we don't have a hamster.

ÜBUNG 10

1 If he wants to have fun, he has a party.
2 When I'm hungry, I have a snack.
3 If I'm tired, I have a nap.
4 When I'm very tired, I have a holiday.
5 If my daughter is sad, I have a chat with her.
6 When I have no food, I have dinner with my friends.
7 If I'm hungry at 12 o'clock, I have lunch.
8 When they want to think, they have a walk.

ÜBUNG 11

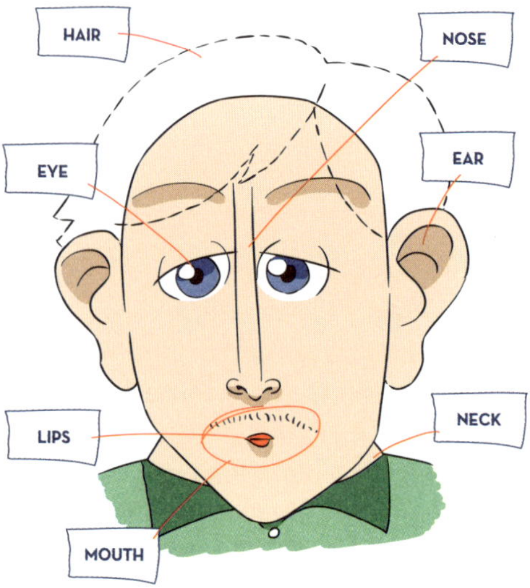

ÜBUNG 12

1 I am happy because I have (got) a green hat.
2 She is fat because she has (got) a cake shop.
3 He is sad because he hasn't got any money.
4 She's angry because her father hasn't got a car.
5 We are tired but happy because we have lots of jobs.
6 They are sad because they haven't got any tickets for DJ Bobo.
7 DJ Bobo is fortunate (lucky) because he has got lots of fans.
8 The Hilton family is very rich because they have lots of hotels.
9 You are stupid because you haven't got a hotel.
10 I am lucky because I'm with you.

ÜBUNG 13

*** **Part 1**

FIM: You've got 10 minutes.
J: Have you got any bananas?
FIM: Yes, I have.
J: Are they yellow?
J: Give me two bananas, please.
J: Give me some pears, please.
FIM: How many?
J: How many have you got?
FIM: Ten.

*** **Part 2**

FIM: You've got four minutes.
J: Just four minutes?!

BLOCK FIVE

ÜBUNG 14

1 Hey! I've got two goats and two cows. So?
2 I've got three pigs, five bulls and a new dog. And so?
3 Buuuh! They've got old animals. I've got thirteen chickens and nineteen bees.
4 What? I've got seventeen big horses and a small monkey without bananas!

5 Hey! Don't forget! I've got fourteen camels including my wife.
6 Yes but I've got a wife and a crocodile; they both have got the same mouth.
7 My black rabbits are beautiful and my sheep are so nice.
8 No, you haven't got black rabbits or nice sheep.
9 Why?
10 Ask my new wolf.

ÜBUNG 15

1 Wow! You are really beautiful!
2 You are really beautiful too!
3 So, how are you? Oh my goodness, your bag is really new! Is it a Praga?
4 Yes, it is! And it's very expensive, too.
5 You're very lucky! Now have a look at my new coat...
6 It's really beautiful!
7 Yes, it's really beautiful but it's too big.
8 Not for you. For me it's really big, but for you it's ok because you're not very thin...
9 Excuse me?
10 It's not too big for you, it's perfect!
11 Ah! Christina, my really short friend thinks I am really fat.
12 You're very fat now.
13 I'm not fat, I'm pregnant. And the father is your husband. Ah ah ah!

ÜBUNG 16

1 He's at the bar with Lisa.
2 I'm at the entrance of the station.
3 My ketchup is on the table.
4 He lives on this floor.
5 There is a crazy woman in Bob's apartment.
6 I'm now in the car on the road to Berlin.
7 There is a ghost on the bed in this house.
8 He's at the cinema at the end of the street.
9 At the centre of Cologne there is a statue at the end of the road.

ÜBUNG 17

1 At two in the afternoon I sleep.
2 At dinner time I'm really hungry and really tired.
3 At bedtime Concy reads a book in bed.
4 I always have a party on my birthday.
5 On Saturdays I go to the park with my dog.
6 I always wash my feet on Sundays.
7 We are in the 21st century but Concy is still in her world of princes, frogs and horses. She still lives in the past.
8 It's fashion week in Berlin and Concy is really happy. I am depressed.
9 She is still in the car.

ÜBUNG 18

1 Oh no! I'm locked out of my house. It's normal in my crazy house.
2 Why am I here? Because Concy is out of her mind.
3 I was under the table in the kitchen with our dog.
4 My mother in England sleeps in her bedroom and her cat sleeps under her bed.
5 I always sleep in my bedroom and my dog sleeps on my bed.
6 Beside my bed there is a photo of you.
7 Among my stuffed animals there is a camel and a shark.
8 Concy is in my office now and I'm behind the curtains.
9 Concy is now in front of the curtains.
10 Concy is now in front of me.

ÜBUNG 19

1 You go to school to learn.
2 He goes on holiday to relax.
3 He goes to the restaurant to eat.
4 She goes to the restaurant for the waiter.
5 I go to Sardinia for the sea.
6 They go to London to see the Queen.
7 We go to London for the food.
8 He goes to the park for the dog.
9 I go to the park to sleep.
10 She goes there for him, he goes there to be with her.

ÜBUNG 20

1 In the bathroom there is: one shower, two towels and one toilet. Where is John? John is behind the door and the monkey is in the toilet.
2 In the living room there is: one sofa, one coffee table, two windows and a TV. Where is John? John is on the sofa in front of the TV. The monkey is behind the sofa.
3 In the kitchen there is: one table, four chairs, one sink and one oven. Where is John? John is under the table and the monkey is in the oven.
4 In the garden there is: one garage, one tree, one front door and one wall. Where is John? John is under a car in the garage. The monkey is beside the wall.

ÜBUNG 21

1 On Mondays I go to the market.
2 I go to the cinema with my dad.
3 I take my dog to the park on Sundays.
4 On Tuesdays my mum goes to the market without me.
5 In the summer I go to the beach with my friend.
6 She comes back from work every day at eight in the evening.
7 The flight from Santo Domingo arrives at two in the afternoon.
8 I run away from home every Wednesday.
9 Elton John comes from London.
10 Peter's son comes back from school at four in the afternoon.
11 I can see the sea from my window.
12 He goes into the bar to have a drink.
13 I want to go into the yellow submarine.
14 In the morning Concy puts some salt into my coffee.
15 Concy's mum comes into my house when I'm not there.
16 You jump onto the boat and I'm scared.
17 I try to climb onto the bed.
18 He needs to climb onto the chair to kiss her.
19 It fell onto the balcony.
20 She puts the carpet onto the floor.

ÜBUNG 22

1 I've got too much free time.
2 I open the window, it's too hot in here.
3 Too many people live in this house.
4 She drinks too much whisky.
5 There is too much salt in my soup.
6 I'm too busy to meet you today or any other day, sorry.
7 I'm too tired to get out of bed this morning.
8 There are too many bees in the park today.
9 You are too tall!
10 I am too late to go there.

ÜBUNG 23

1 At nine in the morning Concy is in front of her wardrobe.
2 Then she puts her red blouse on and her black skirt.
3 Then she takes her shoes off and puts my yellow T-shirt on.
4 Then she takes the skirt off and she puts my green trousers on.
5 Then she puts my trainers on and she takes my yellow T-shirt off.
6 Then she puts my new coat on with her old bag.
7 At ten Concy is in the bathroom in front of the mirror.
8 Then she takes the coat off and the bag and puts her pink jacket on.
9 Then she takes my shoes off and puts her orange boots on.
10 At half past ten Concy takes her wallet.

BLOCK SIX

ÜBUNG 24

1 I get angry when you shout.
2 I get shy when I see you.
3 I get sad when you cry.
4 I get bored when you talk.
5 I get tired when I work.
6 I dance and sing when I get drunk.
7 I get rich when you work.
8 When I get hungry, I eat.

9 When I get thirsty, I drink.
10 I get stressed when I drive in Berlin.

ÜBUNG 25

1 She gets sleepy when she drinks.
2 We get angry when we are hungry.
3 I get drunk with you both.
4 He gets drunk with you all.
5 They get silly when they drink with you.

ÜBUNG 26

1 There is too much snow, my son can't get to school.
2 Luis always gets to work late.
3 Luis always gets to the pub early.
4 Paul always gets to work by bus.
5 Leonie can't get to work today.
6 Today I can't get to the gym because it's raining.
7 She always gets to me late.
8 Paul always gets to the stadium on time.
9 I never get to the phone on time.
10 I always get to the centre on foot.

ÜBUNG 27

You are nobody.
You are nothing.
You've got nothing.
But you are everything to me.
There is nobody.
There isn't anyone.
Nobody, like you.
There is something to say.
You've got nothing.
But you are everything to me.

Maybe somewhere.
Anywhere.
There is someone like you.
No, nowhere.
And I go everywhere without you.
I'm nobody.
But there is something.
I have everything but you.

ÜBUNG 28

1 After dinner I'm going out.
2 During the winter I don't go out.
3 I'm not happy until I see you.
4 As long as you stay with me.
5 I work for five weeks.
6 As long as you are here, I'll be happy.
7 I can wait up to five days.
8 I want you to finish by four.
9 It's not Christmas yet.
10 I'll see you between Monday and Wednesday.

ÜBUNG 29

I get up in the morning, I have a shower, I get dressed, I have my breakfast. At 12 o'clock I get hungry, so I have my lunch. At 3 o'clock in the afternoon I have a meeting with my boss, at 6 o'clock I go home, I have my dinner, I get undressed. In the evening I watch TV. At midnight I go to bed. During the night I have a dream about Birmingham City winning the Premiership again.

ÜBUNG 30

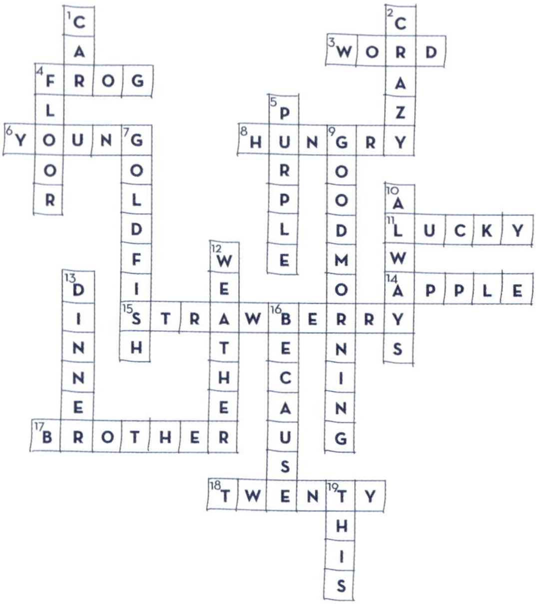

ÜBUNG 31

1 My wife is worse than his.
2 My car is better than hers.
3 His car is worse than mine.
4 Joan's job is better than yours.
5 Your boss is worse than ours.
6 You are the worst.
7 They are the best.
8 He is the worst. We are better than him.
9 My school is the best.
10 Scotland has the worst food in the world.

ÜBUNG 32

1 She gives him a kiss.
2 He buys her some biscuits.
3 He cooks him two steaks.
4 He tells her the truth.
5 She buys him a ring.

ÜBUNG 33

1 She makes me happy when I make her laugh.
2 She makes me do all the shopping.
3 We do our homework every day.
4 She does the housework every day.
5 That company makes one million a day.

ÜBUNG 34

1 What do you usually eat?
2 What's his name?
3 When do you go to sleep?
4 Why do you love me?
5 What does she do?
6 Where do you usually go on holiday?
7 Who do you live with?
8 How do you usually get here? — By plane.
9 Where and what do you usually eat for lunch?
10 Who is that man?
11 Where do you come from?
12 Why don't you ever go on holiday?
13 Where is your coat?
14 How do you know her?
15 Why do you always kiss me?
16 Where is your money?
17 When is your birthday?
18 What do you usually do on Sundays?
19 When and why?
20 Who do you work with?

21 When does she usually get angry?
22 Who does she want? Me or him?
23 Who does the cleaning in that house?
24 What does he usually drink?
25 Why don't you hate me?
26 How do you like your pizza?
27 When do they usually go on holiday?
28 How is your grandfather?
29 How far is your house from your work?
30 Why do you always give him so much time?

ÜBUNG 35

1 How much is that car?
2 How many children do you have?
3 How many blue shirts have you got?
4 How much do you love me?
5 How much sugar would you like?
6 How many times a month do you go to the cinema?
7 How many times do I have to tell you?
8 Which car is yours?
9 What is your favourite colour?
10 What time is it?

ÜBUNG 36

1 You must lose weight.
2 He is as fat as a pig, but I like him.
3 I love you as a friend.
4 You have to go to work, it's late!
5 She speaks like a parrot.

ÜBUNG 37

1 What are you doing? — I'm working, where do you think I am?
2 What is your husband doing? — He's running in the park.
3 What is grandad doing? — He's sitting on the sofa.
4 She's cooking, he's watching TV and the dog is barking.

5 What are they doing at work? — He's sleeping and she's speaking.
6 Vincent is reading a book by Stephen King.
7 Felix and Klaus are working a lot.
8 Stefan is selling his old house.
9 Elvira is studying English.
10 Peter is writing a book.
11 On Monday afternoon at five o'clock he's playing football with his friends.
12 On Tuesday at nine o'clock he's eating a pizza with Theresa.
13 On Saturday evening he's drinking a beer with me.
14 On Sunday afternoon he's sleeping on the sofa.
15 On Sunday night he's watching a film at home and then he's going to sleep.

ÜBUNG 38

1 I'm going to Miami.
2 My son is going to become a singer.
3 Are you going to watch the show?
4 I'm not going to watch the match with him.
5 She is going to his house and he is going to her house.
6 We are going to see New York.
7 I'm not going to lose my money at the casino.
8 Are you going to relax?
9 Are you going to kiss me, one day?
10 I'm going to cut my hair, but I don't know when.

ÜBUNG 39

1 I'll book two tickets to Miami.
2 She'll kiss you after dinner.
3 She'll fall in love with you.
4 You'll live with her and her cat.
5 Her cat will like you.
6 I won't book you two tickets for Miami.
7 She won't fall in love with you.
8 You won't forgive me.
9 We won't play football on Sundays anymore.

10 We won't go bowling anymore.
11 Will you tell me your secret?
12 Will she run in the park with him?
13 Will FC Bayern win the Champions League?
14 Will I ever go to Miami?
15 Will you cut your hair?

ÜBUNG 40

1 Can you get his phone from the kitchen, please?
2 Can I take your car?
3 Can you get some fruit at the supermarket, please?
4 Can I get you something when I go on holiday?
5 Are you cold? You can take my coat.
6 Can you take these people to London, please?
7 Can you take me to the airport at 3 o'clock in the morning please?
8 Take me with you to the Oktoberfest this year.
9 Don't bring your mother-in-law with you tonight.
10 Take me to the moon with you.

ÜBUNG 41

1 You were with him at his house.
2 She wasn't with you because she was with Robert in Canada.
3 Were they with you? — No, they weren't. They were with Robert.
4 She wasn't with Robert in Canada, she was at the restaurant.
5 But wasn't she in Canada?

ÜBUNG 42

1 Yesterday I went out, had fun and then went home.
2 Yesterday I took my daughter to school and then went to eat something.
3 Last week I had a party with my friends.
4 Last summer Mark met Laura and they got married.
5 Two hours ago Laura kissed a man and she liked it.
6 He went to sleep really late yesterday and today he got up at 11.00.
7 They asked her to go out with them.
8 This morning I went shopping.

9 Last winter they went on holiday in Miami.
10 Last week they went to the beach.
11 Yesterday I didn't go to work.
12 I didn't meet you last week in the park.
13 Yesterday I didn't eat with them.
14 I didn't like the film.
15 Peter didn't get married last year.

ÜBUNG 43

1 While he was sleeping last night, someone took his car.
2 While I was writing an email, my computer died.
3 I was eating when you called me.
4 What were you doing when you broke your leg?
5 He was talking with (oder to) a woman when his wife called him.
6 What were you doing when you fell on the floor?
7 She was putting the baby to bed when the phone rang.
8 Michael was singing at the karaoke when we got there.
9 While he was sleeping she told him that she loved him.
10 I was watching a horror film when the lights went out.

ÜBUNG 44

1 Can I eat your lunch? — No, you can't. It's mine.
2 She can't come with us to the party. Her mother won't allow her.
3 Can you stop singing?
4 We can speak if you don't jump like a monkey.
5 You could drink a coffee with me.
6 You could read a book.
7 Could you take me with you, please?
8 Could you lend him some money, please? I haven't got any.
9 Could you do this for me, please?
10 Could you tell her that he loves her?

ÜBUNG 45

1 If I can't find my car, I'll go by bike.
2 If it snows this weekend, I'll be happy at home in front of the TV.
3 If he doesn't call her, he'll have many problems.
4 If they go with them, you'll be very happy.
5 If I am alone, I'll go with them.
6 If I lived in China, I would eat rice every day.
7 If he forgot your birthday, would you get angry?
8 If they came with us to dinner, they would have fun.
9 If you met Brad Pitt or Sharon Stone, would you tell your mum?
10 Would you give me your Porsche if I gave you my Mercedes?

ÜBUNG 46

1 I tell you the time.
2 You said that you were sad.
3 She always says that she's tired.
4 He always tells me that he never has time.
5 He often tells lies.

IRREGULAR VERBS

Deutsch	**Base form**	**Simple Past**	**Past Participle**
schlagen	BEAT	BEAT	BEATEN
werden	BECOME	BECAME	BECOME
beginnen	BEGIN	BEGAN	BEGUN
beißen	BITE	BIT	BITTEN
zerbrechen	BREAK	BROKE	BROKEN
bringen	BRING	BROUGHT	BROUGHT
bauen	BUILD	BUILT	BUILT
kaufen	BUY	BOUGHT	BOUGHT
fangen	CATCH	CAUGHT	CAUGHT
kommen	COME	CAME	COME
kosten	COST	COST	COST
schneiden	CUT	CUT	CUT
tun	DO	DID	DONE
trinken	DRINK	DRANK	DRUNK
fahren	DRIVE	DROVE	DRIVEN
essen	EAT	ATE	EATEN
fallen	FALL	FELL	FALLEN
fühlen	FEEL	FELT	FELT
kämpfen	FIGHT	FOUGHT	FOUGHT
finden	FIND	FOUND	FOUND
erhalten, bekommen	GET	GOT	GOTTEN
geben	GIVE	GAVE	GIVEN
gehen	GO	WENT	GONE
haben	HAVE	HAD	HAD
hören	HEAR	HEARD	HEARD

behalten	KEEP	KEPT	KEPT
kennen	KNOW	KNEW	KNOWN
legen	LAY	LAID	LAID
lassen	LET	LET	LET
verlieren	LOSE	LOST	LOST
machen	MAKE	MADE	MADE
bedeuten	MEAN	MEANT	MEANT
treffen	MEET	MET	MET
zahlen	PAY	PAID	PAID
stellen, legen	PUT	PUT	PUT
lesen	READ	READ	READ
rennen	RUN	RAN	RUN
sagen	SAY	SAID	SAID
sehen	SEE	SAW	SEEN
verkaufen	SELL	SOLD	SOLD
schicken	SEND	SENT	SENT
stellen, legen	SET	SET	SET
singen	SING	SANG	SUNG
sitzen	SIT	SAT	SAT
schlafen	SLEEP	SLEPT	SLEPT
sprechen	SPEAK	SPOKE	SPOKEN
stehlen	STEAL	STOLE	STOLEN
schwimmen	SWIM	SWAM	SWUM
nehmen, bringen	TAKE	TOOK	TAKEN
lehren	TEACH	TAUGHT	TAUGHT
sagen	TELL	TOLD	TOLD
denken	THINK	THOUGHT	THOUGHT
verstehen	UNDERSTAND	UNDERSTOOD	UNDERSTOOD
gewinnen	WIN	WON	WON
schreiben	WRITE	WROTE	WRITTEN

WER IST JOHN PETER SLOAN?

John Peter Sloan wurde 1969 in Birmingham, England, geboren. Er ist ein sehr vielseitiger Künstler: ein brillianter Schauspieler, Autor, Rocksänger und Stand-up-Comedian. Mit 16 Jahren verließ er seine Heimat und reiste – begleitet von seiner Gitarre und seiner Stimme – durch Europa. 1990 landete er in Italien und gründete die Rockgruppe "The Max".
In dieser Band sang und spielte er bis zur Geburt seiner Tochter im Jahr 2000. Da brach er seine laufende Tournee ab – und widmete sich ab sofort dem Englischunterricht. Die Wörter "Normalität" und "Banalität" haben in Johns Wörterbuch keinen Platz. Er verfügt über einen ausgeprägten Sinn für Humor und sprengt damit die Maßstäbe des Sprachenlernens, wie es bisher praktiziert wurde.
John Peter Sloan ist der Autor von Instant English, das zum Bestseller in Italien, Frankreich, Deutschland und Spanien avanciert ist. Die Folgewerke More Instant English, Business English, Instant Grammatik rangieren ebenfalls oben auf den Verkaufslisten.
Grammatik und Komik gehen bei John Peter Sloan Hand in Hand. Der gemeinsame Nenner seiner Werke ist: das Unterrichten mit einem Lächeln. Die Überzeugung, mit der er dies macht, ist nicht unbeobachtet geblieben. Im Sommer 2014 wurde Johns erster Fantasy-Roman in Italien veröffentlicht. Wenn er nicht gerade auf der Bühne oder an seinem Computer beschäftigt ist, verbringt John seine Zeit in den Schulen Mailands und Roms oder in seiner neuen Restaurantkneipe Sloan Square "The Place to Be", die er 2014 in Mailand eröffnete.